CHRISTIN VAN DEEST

Die Anti Binge Eating Formel

gegen emotionales Essen, Essattacken und Heißhunger

Email: info@edition-lunerion.de
www.edition-lunerion.de

Psiana eCom UG
Berumer Str. 44
26844 Jemgum

Inhalt

Auf dem besten Weg zur Genesung

Die medizinischen sowie psychologischen Informationen in diesem Buch dienen lediglich als Unterstützung und sind nicht als Ersatz für eine professionelle Therapie für Essstörungen anzusehen. Die Ratschläge ersetzen keine Diagnostik oder Behandlung bei Fachärzten oder Psychologen. Wenden Sie sich bitte bei gesundheitlichen Problemen immer zuerst an einen Arzt und nutzen Sie diesen Ratgeber nur als zusätzliche Hilfestellung bei einer professionellen Therapie. Vermeiden Sie Selbstdiagnosen und suchen Sie fachkundige Beratung auf, wenn Sie oder Angehörige vermuten, an einer Essstörung erkrankt zu sein. Bestehende Therapien sollten nicht durch anderweitige Informationen verändert werden. Besprechen Sie Ihr Vorgehen mit Ihrem Arzt und erwähnen Sie dabei auch entsprechende Ratgeber über den Umgang mit Essstörungen und die darin vorgestellten Techniken und Methoden zur Unterstützung

Mit diesem Buch halten Sie einen wichtigen Begleiter auf dem Weg Ihrer Genesung in der Hand. Hier sollte jedoch angemerkt werden, dass dieser nicht die professionelle Unterstützung auf medizinischer und psychologischer Basis ersetzt. Die Informationen, die Sie im Rahmen dieses Sachbuchs vorfinden, sind vielmehr als Werkzeuge zu verstehen, die Sie auf diesem Weg unterstützen und Ihnen Hilfestellung bieten können. Im Verlauf des Buches erhalten Sie nicht nur medizinische, sondern auch psychologische Einblicke. Diese sollen dazu beitragen, dass Sie die Funktionsweisen von Binge Eating und damit auch Ihre eigenen Handlungen besser verstehen. Die in diesem Kontext vorgestellten Methoden und Techniken können dabei als Inspiration zur Unterstützung betrachtet werden. Probieren Sie hier aus, was für Sie passend ist, und modifizieren Sie Übungen für sich gegebenenfalls

Hinweis:
In diesem Buch finden Sie an verschiedenen Stellen QR-Codes, die Sie zu Audiodateien führen. Falls Sie keine Möglichkeit haben, diese zu scannen, können Sie alle Dateien auch über diesen Link finden:

https://bit.ly/3SGCKrh

Binge Eating – Wenn Essen zur Sucht wird

Luisa kann ihre Essensgelüste kaum noch vor anderen Menschen verstecken. Immer, wenn es ihr psychisch schlecht geht, wird sie von einer starken Gier nach Süßem überwältigt. Heute hat sie wieder einmal in der Klausur versagt und das nagt an ihrem Selbstbewusstsein. Sie hat Angst, ihren Eltern von der schlechten Note zu erzählen, denn ihre Eltern erwarten, dass Luisa später genau wie sie Medizin studiert und eine erfolgreiche Ärztin wird. Mit ihren schlechten Leistungen allerdings wird es Luisa nicht schaffen, die Erwartungen ihrer Eltern zu erfüllen. Wenn ihre Eltern von der schlechten Note erfahren, werden sie ihr wieder Vorwürfe machen. Ihr Vater ganz besonders. Er zeigt Luisa deutlich, dass sie für ihn nur ein kleines unwissendes Mädchen ist. Und dabei ist sie schon volljährig und somit eine erwachsene Frau. Sie fühlt sich minderwertig und dumm. Das Gefühl der Traurigkeit ist für Luisa kaum zu ertragen, weshalb sie irgendwann angefangen hat, den Frust wortwörtlich in sich hineinzufressen. Mittlerweile werden die Heißhungerattacken jedoch auch zu einer wahren Tortur für Luisa.

Wenn sie sich mal wieder in einer ihrer Fressphasen, wie sie es nennt, befindet, verschlingt sie alle ungesunden Nahrungsmittel, die sich ihr in den Weg stellen. Kontrollieren kann sie sich in diesen Situationen nicht mehr. Anfangs plünderte sie nur die Vorratskammer ihrer Eltern, doch mittlerweile geht sie gezielt einkaufen, um ihre Sucht zu befriedigen. Dann landet alles im Einkaufswagen, was sie besonders lecker findet. Schokoladentafeln, Karamellriegel, Gummibärchen, Pudding, Chips, Salzstangen und viele andere Kalorienbomben finden den Weg in ihren Einkaufswagen. Ihr gesamtes Geld gibt sie für ihre Essensattacken aus. Oft muss sie sich von ihren Eltern in der Mitte des Monats sogar noch eine kleine Finanzspritze holen, damit sie kalorienreichen Nachschub besorgen kann. Mancher Kunde möge meinen, Luisa würde für eine Party einkaufen, doch traurigerweise sind die Lebensmittel nur für einen Abend und ganz allein für sie selbst bestimmt. Sie beeilt sich nach der Schule, schnell nach Hause zu kommen, denn dann ist sie zwei Stunden ungestört, bis ihre Mutter von der Arbeit kommt. Es dauert meist nicht lange, bis Luisa ihren gesamten Einkauf an Süßigkeiten und Snacks vertilgt hat. Maximal eine Stunde dauert ihr Heißhungeranfall, bei dem sie sich ohne Verschnaufpause manchmal bis zu 10.000 Kalorien auf einmal verabreicht. Sie kann in diesen Momenten nicht mehr klar denken und stopft sich wahllos alles in den Mund. Sie greift nach allen Lebensmitteln, bis jede Verpackung leer ist. Das Gefühl danach ist immer das Schlimmste. Sie fühlt sich abstoßend und minderwertig, weil sie sich nicht unter Kontrolle hat. Außerdem steigt regelmäßig Panik in ihr hoch, wenn sie realisiert, wie viele Kalorien sie sich gerade einverleibt hat. Luisa wollte schon häufiger auf die Toilette rennen und alles wieder erbrechen. Ein paar Male hat es auch geklappt, doch sie konnte sich dann nicht mehr dazu überwinden. Manchmal folgt nach diesen Fressattacken der verzweifelte Drang, durch übermäßigen Sport alle Kalorien wieder loszuwerden. Dann schnappt sich Luisa ihre Laufschuhe und rennt ohne Pause über die Feldwege in der Nähe ihres Zuhauses, in der Hoffnung, all diese widerlichen Kalorien zu verbrennen. Einmal wurde ihr dabei so schlecht, dass sie sich auf offener Straße übergeben musste und fast ohnmächtig wurde. Sie griff auch schon zu diversen Abführmitteln, wobei sie die empfohlene Dosis überschritt. Schlussendlich musste sie die Abführmittel absetzen, weil sie die Schmerzen in ihrem Bauch danach nicht ertragen konnte. Auch der andauernde Toilettendrang war eine Qual, besonders, wenn sie sich dabei in der Schule befand. Gebracht haben ihr die Abführmittel letztendlich nichts, denn nach deren Gebrauch verlor sie hauptsächlich Wasser. Der Hunger danach wurde auch hier wieder verstärkt und ließ ihr Gewicht in die Höhe schnellen.

Häufig hat Luisa mit depressiven Phasen zu kämpfen, bei denen sie sich in ihrem Zimmer verkriecht. Mit Freundinnen trifft sie sich nur noch selten. Die Scham über sich und ihren Körper ist zu groß, als dass sie mit Freundinnen shoppen gehen oder ins Freibad möchte. Ihr Gewicht hat sich in den letzten zwei Jahren drastisch erhöht, weil ihre Heißhungeranfälle immer öfter auftreten. Von ihren alten Klamotten passt kein einziges Teil mehr und sie schämt sich sehr für ihren Körper. Ihr Bauch ragt nun schon über die Hose und ihr Gesicht wirkt wie aufgedunsen. Die Kommentare ihrer Mitmenschen sind unerträglich für Luisa geworden. Jeder hat mitbekommen, wie stark sie in letzter Zeit zugenommen hat, und wenn das Thema zur Sprache kommt, möchte Luisa einfach nur noch weg und sich wieder in ihrem Zimmer mit Süßigkeiten verschanzen. Ihre Eltern haben ihr schon vorgeschlagen, die Ernährung umzustellen, und kochen für Luisa gesünder als vorher. Doch ohne Erfolg. Luisas Körper wird immer fülliger. Als ihre Mutter in Luisas Zimmer mehrere Verpackungen von Süßigkeiten findet, wirft sie ihr vor, sich nicht wirklich mit gesunder Ernährung auseinanderzusetzen. Ihre Mutter ist sauer und fühlt sich von Luisa nicht ernst genommen. Dass Luisa zwanghaft essen muss, weiß sie natürlich nicht. Und so kommt es zum Streit. Nach dem Streit fühlt sich Luisa unverstanden und gleichzeitig wertlos. Selbst ihre Eltern finden sie anscheinend abstoßend, weil sie durch ihre Heißhungerattacken so viel zugenommen hat. Warum sollten sie sonst so krampfhaft wollen, dass Luisa abnimmt? Dabei hat Luisa, um ihren Eltern einen Gefallen zu tun, unzählige Diäten hinter sich. Jede Diät hat den Heißhunger nur verschlimmert, sodass Luisa am Ende mit zusätzlichem Gewicht kämpfen musste. Je mehr Luisa zunimmt, desto häufiger probiert sie die vielversprechendsten Crashdiäten aus. Danach findet sie sich allerdings immer in einem Berg von Süßkram wieder, den sie heimlich in ihrem Zimmer verspeist. Es ist, als wäre sie in einem Teufelskreis gefangen, und absolut niemand kann ihr den Ausweg zeigen.

In dem genannten Erfahrungsbericht von Luisa werden die typischen Anzeichen einer Essstörung deutlich. Luisa leidet an einer Essstörung, welche auch Binge Eating genannt wird. Sicherlich gibt es immer wieder Phasen im Leben, bei denen Menschen aus emotionalen Gründen essen oder sich dabei überschätzen. Bei Luisa jedoch zeigt sich ein deutlicher Unterschied. Anders als bei gesunden Menschen, überkommen Luisa Heißhungerattacken, bei denen sie sich nicht mehr unter Kontrolle hat. Sie plant sogar Einkäufe für ihre Essanfälle ein und versteckt sich dabei vor ihrer Familie, wenn sie diese Massen an Nahrung zu sich nimmt. Ihr Essverhalten hat sich zu einem regelrechten Zwang entwickelt und sie weiß, dass sie sich nicht mehr allein daraus befreien kann. Aus eigenen Kräften wird es für sie schwierig werden, den Kreislauf des Essens zu durchbrechen. Luisa sollte in jedem Fall professionelle Hilfe in Anspruch nehmen und eine Therapie in Erwägung ziehen. Dabei kann geklärt werden, welche Faktoren für ihre Essstörung verantwortlich sind, und sie kann entsprechende Gegenmaßnahmen mithilfe von Ärzten und Psychologen erarbeiten.

Binge Eating existiert häufiger, als den meisten Menschen bewusst ist, denn die Betroffenen sind wahre Meister darin, ihre Krankheit zu vertuschen. Lediglich die hohe Gewichtszunahme kann ein Indiz für diese Krankheit sein, allerdings gibt es auch Betroffene mit Normalgewicht, sodass es schwieriger wird, Binge Eating zu erkennen. Vermuten Sie, dass jemand in Ihrer Umgebung ähnliche Symptome wie Luisa aufweist, sollten Sie das Gespräch mit der jeweiligen Person suchen und offen über Ihre Vermutungen und Sorgen sprechen. Viele Betroffene fühlen sich in ihren Verhaltensweisen gefangen und die Scham darüber wächst täglich. Deshalb ist es umso wichtiger, achtsam zu sein und mögliche Probleme anzusprechen, damit den Betroffenen schnell geholfen werden kann.

Sind Sie selbst von Binge Eating betroffen, können Sie wirklich stolz auf sich sein. Denn Sie haben den ersten Schritt gewagt, sich mit Ihrer Krankheit auseinanderzusetzen. Das bedeutet, während Sie diesen Ratgeber in den Händen halten, sind Sie sich über Ihre Situation bewusst und möchten etwas ändern. Das ist schon ein großer Erfolg. Selbst, wenn Sie noch nicht genau wissen, wie Sie vorgehen sollen, sind Sie auf einem guten Weg, weil Sie sich dazu überwunden haben, Ihre Situation anzunehmen. Jetzt gilt es, die Ursachen für Ihre Erkrankung herauszufinden, mögliche Trigger aufzuspüren und Ihr weiteres Vorgehen zu planen. Scheuen Sie sich nicht davor, um Hilfe zu bitten, und informieren Sie sich bei Beratungsstellen, Ärzten sowie Fachleuten über Ihre Erkrankung. Bestenfalls sprechen Sie auch mit nahestehenden Personen über Ihr Problem und fordern deren Unterstützung an. Bauen Sie sich ein zuverlässiges Netzwerk an Freunden und Familie auf, damit diese Ihnen den Rücken stärken können.

Im folgenden Kapitel finden Sie hilfreiche Informationen, welche die Krankheit Binge Eating näher beleuchten und Ihnen wichtige Hintergründe zur Krankheit liefern. Auf dieser Grundlage können Sie dann parallel zu einer Therapie die 7 Schritte der Anti-Binge-Eating-Formel durcharbeiten und sich intensiver mit Ihren Bedürfnissen und der Erkrankung befassen.

Was ist Binge Eating?

Die Bezeichnung Binge Eating setzt sich aus den englischen Worten „binge", übersetzt Gelage, und „eating", Essen, zusammen. Damit sind periodische Heißhungeranfälle bzw. Essattacken gemeint, bei denen die betroffene Person die Kontrolle über ihr Essverhalten verliert und sich in übertriebenem Maße dem Essen hingibt. Innerhalb kürzester Zeit werden dem Körper Unmengen an Kalorien zugeführt, die sich drastisch auf den Körper auswirken. Folgen können unter anderem Übergewicht oder schlimmstenfalls sogar Adipositas sein. Binge Eating ist eine ernstzunehmende psychische Krankheit und zählt neben Magersucht und Bulimie ebenfalls zu den Essstörungen. Der Unterschied zur Bulimie ist, dass im Anschluss keine Maßnahmen ergriffen werden, die zugeführten Kalorien mittels Erbrechen wieder loszuwerden. Folglich muss der Körper die extreme Kalorienzufuhr bewältigen und kann davon erhebliche Schäden davontragen.

Betroffen sind von der Essstörung Binge Eating Frauen sowie auch Männer. Häufig tritt die Erkrankung im jungen Erwachsenenalter bis hin zur Lebensmitte auf. Doch auch Jugendliche und Kinder können an Binge Eating erkranken, wobei diese Form der Essstörung in diesen Lebensabschnitten seltener auftritt als Bulimie und Magersucht.

Bis heute ist die Binge-Eating-Störung sehr wenig erforscht und es ist daher sehr schwer zu beziffern, wie viele Menschen letztendlich unter dieser Krankheit leiden. Schätzungsweise wird vermutet, dass etwa 1 bis 4 Prozent der Menschen in Deutschland an Binge Eating erkrankt sind.

Häufige Merkmale und Symptome der Binge-Eating-Störung

- Betroffene erleben wiederkehrende Essanfälle in regelmäßigen Intervallen. Dabei wird in einem kurzen Zeitraum eine erhebliche Menge Nahrung aufgenommen.
- Die Essanfälle können sich über einen längeren Zeitraum, beispielsweise zwei Stunden am Tag, erstrecken. Die Betroffenen verlieren während ihrer Heißhungerattacke das Zeitgefühl und können anschließend nicht mehr sagen, wann sie mit dem Essen begonnen haben. Während des Essanfalls wird die Wahrnehmung ausgeschaltet und Betroffene fühlen sich in ihrem Automatismus gefangen.
- Unabhängig vom normalen Hungergefühl entsteht der Heißhunger, der die betroffenen Personen meist kalt erwischt. Die Befriedigung der Esssucht hat Priorität und alle anderen Aktivitäten stehen hinten an.
- Betroffene verlieren völlig die Kontrolle über ihre Selbstbeherrschung. Sie essen wahllos alles, was ihnen in die Finger kommt. Dabei schlingen sie hastig und vernachlässigen es, bewusst zu kauen oder den Geschmack der Lebensmittel zu genießen.
- Erst, wenn sich ein Völlegefühl bemerkbar macht und der Magen schmerzt, beenden Betroffene meist ihre Essanfälle.
- Jeder Essanfall wird von negativen Gefühlen begleitet. Scham, Ekel und schuld sind die stetigen Begleiter. Betroffene fühlen sich minderwertig und ekeln sich vor sich selbst. Sie hassen es, sich den Heißhungerattacken hinzugeben, können aber gleichzeitig nichts an ihrer Situation verändern. Der Essenszwang ist zu groß und sie fühlen sich zu schwach, um dagegen anzukämpfen.
- Nach den Essattacken fühlen sich Betroffene oft deprimiert und schuldig. Teilweise kann auch Panik aufsteigen, weil sie Angst vor den Folgen der extremen Kalorienzufuhr haben. Unruhezustände sind hierbei tagtägliche Begleiter.
- Betroffene versuchen, ihre Essanfälle vor den Mitmenschen zu vertuschen, und wollen möglichst allein essen. Sie schämen sich, vor anderen Menschen zu essen, und machen sich ständig Gedanken darüber, was andere Menschen von ihnen denken könnten, wenn sie Nahrung in der Öffentlichkeit zu sich nehmen.
- Im direkten Vergleich zu Bulimie und Magersucht versuchen Betroffene eher selten, die extreme Kalorienzufuhr durch Maßnahmen wie Erbrechen, exzessiver Sport oder Abführmedikamente loszuwerden.
- Die Krankheit kann sich phasenweise verändern oder auch eine längere Zeit in den Hintergrund treten. Dabei können monatelang keine Essanfälle auftreten, wiederum aber auch mehrere Attacken in kürzeren Zeitabständen erfolgen. Die Symptome können also schlagartig aufhören oder sich durch Stressfaktoren wieder reaktivieren.

Damit eine zuverlässige Diagnose gestellt werden kann, wird sich nach dem aktuellen Diagnostischen und Statistischen Manual Psychischer Störungen, kurz auch DSM-V genannt, gerichtet. Hierbei müssen folgende Kriterien erfüllt sein:

- wiederkehrende Episoden der Heißhungerattacken
- Zusätzlich treten zu den Essanfällen mindestens drei der nachfolgenden Symptome auf:
- hastiges Essen ohne Genuss
- Nahrungsaufnahme, bis ein unangenehmes Völlegefühl entsteht
- extreme Nahrungsaufnahme innerhalb kürzester Zeit, wenn kein Hungergefühl besteht
- Isolation beim Essen, weil Betroffene sich dafür schämen, vor anderen Menschen zu essen
- nach den Essanfällen Schuldgefühle, Minderwertigkeitskomplexe, Ekel und Groll gegen den eigenen Körper
- Betroffene leiden sichtlich unter ihrem Verhalten und unter den Essanfällen
- Die Essattacken treten über einen Zeitraum von drei Monaten mindestens einmal pro Woche auf
- Es finden keine oder eher selten kompensatorische Maßnahmen statt, welche die Kalorienzufuhr ausgleichen könnten (demnach kein Erbrechen, Fasten, sportliche Betätigung oder Medikamentenmissbrauch).
- Verlust der Kontrolle und des Sättigungsgefühls

Folgen und Auswirkungen auf die Gesundheit

Aufgrund ungesunder und unregelmäßiger Ernährung haben Betroffene meist mit starkem Übergewicht oder sogar einer Adipositas (Fettsucht) zu kämpfen. Sie probieren zahlreiche Diäten aus, welche ihnen jedoch keinen langfristigen Erfolg bescheren. Die Heißhungerattacken machen Betroffenen immer wieder einen Strich durch die Rechnung. Da sie nicht nur mit den Essattacken kämpfen, sondern generell das Gefühl für eine ausgewogene und gesunde Ernährung verloren haben, fällt es den erkrankten Personen besonders schwer, regelmäßige Mahlzeiten einzunehmen und auf ihr natürliches Sättigungsgefühl zu hören. Durch die zucker- und fetthaltige Nahrungsaufnahme wird deren Körper dauerhaft überfordert und kann immense Schäden sowohl körperlich als auch psychisch davontragen.

Mögliche Folgen von Fettleibigkeit (Adipositas)

Körperlich:

- erhöhtes Risiko für Herz- / Kreislauferkrankungen
- Müdigkeit
- Schmerzen aufgrund einer Überbeanspruchung von Gelenken und Muskeln
- Einschränkung der Beweglichkeit bis hin zur Geh-Unfähigkeit
- Diabetes mellitus (Zuckerkrankheit)
- Bluthochdruck

Psychisch:

- Depressionen
- gestörte Krankheitsverarbeitung
- soziale Isolation

Mögliche Folgen einer unzureichenden Kalorienzufuhr

Körperlich:

- Ausbleiben der Regelblutung
- Verminderung der Knochendichte
- Haarausfall
- minderdurchblutete Finger und Füße
- niedriger Puls, niedriger Blutdruck
- erniedrigte Körpertemperatur
- auffällige Laborparameter

Psychisch:

- Stimmungsverschlechterung bis hin zu einer
- Depression
- sozialer Rückzug
- erhöhter Bewegungsdrang
- erhöhte Kälteempfindlichkeit
- vermindertes Interesse an Sex
- Einschränkung der kognitiven Leistungsfähigkeit

Mögliche Folgen von Diäten / dem Auslassen von Diäten

- Heißhunger und Essanfälle

Mögliche Folgen von Bulimie

- Zahnschäden
- Störungen des Elektrolyt- und Wasserhaushalts
- Störung der Nierenfunktion

Mögliche Folgen von Missbrauch von Abführ- und Entwässerungsmitteln

- Störungen des Elektrolyt- und Wasserhaushalts
- Störung der Nierenfunktion
- Schwere Verstopfung bis hin zum Darmverschluss
- Durchfall im Wechsel mit Verstopfung

Mögliche Folgen von übermäßigem Sport

- Nierenschäden
- erhöhte Gefahr von Knochenbrüchen
- übermäßige Belastung von Sehnen und Gelenken
- Abgeschlagenheit

Mögliche Folgen der Binge-Eating-Störung

- starke Müdigkeit
- Unruhezustände, Nervosität
- Scham- und Schuldgefühle
- Minderwertigkeitskomplexe
- Selbsthass und Selbstdiskriminierung
- Diabetes
- Herz-Kreislauf-Störungen
- Kurzatmigkeit
- allgemeine körperliche Einschränkungen
- Muskel- und Gelenkschmerzen
- Aufgrund der Körperfülle können Komplikationen bei Schwangerschaften, ärztlichen Untersuchungen sowie Operationen auftreten.
- soziale Isolation
- Depressionen
- zusätzliche psychische Erkrankungen, die durch die Gewichtszunahme ausgelöst werden, wie beispielsweise eine Angststörung
- finanzielle Probleme, weil immer wieder neue Lebensmittel beschafft werden müssen, um die Esssucht zu befriedigen
- Autoaggression bis hin zu selbstverletzendem Verhalten
- Suizidgedanken
- In extremen Fällen kann Binge Eating sogar tödlich verlaufen, weil der Körper aufgrund der dauerhaften und extremen Belastung kollabiert.

Ursachen und Trigger für Binge Eating

Der Hintergrund einer Binge-Eating-Störung kann vielfältig sein. Hierbei muss unterschieden werden zwischen der Ursache der Symptome und den jeweiligen Auslösern, die im Alltag auf Betroffene einwirken. Auslöser werden auch Trigger genannt und beziehen sich auf die Impulse im Menschen, die entstehen, wenn ein besonderes Ereignis auftritt. Dieses Ereignis löst meist eine Stressreaktion im Körper aus und reizt die Betroffenen zu einer Reaktion. Durch bestimmte Handlungen versuchen Betroffene dann, einen Weg zu finden, diesen Stress wieder abzubauen. Wird das Selbstbewusstsein eines Menschen allerdings durch Manipulation von außen erschüttert, nutzen Betroffene oft fragwürdige Maßnahmen, um diesen Stress zu regulieren.

Beispiel:
Wird einem Mädchen regelmäßig erzählt, es sei zu dick, nagt das an seinem Selbstbewusstsein und es wird unterbewusst Druck erzeugt. Es befindet sich in einer Stresssituation. Ab diesem Punkt wird das Mädchen empfänglicher für Manipulation durch äußere Einflüsse, wie beispielsweise Werbung. Sind in der Werbung nur schlanke, gut proportionierte Frauen zu sehen, wird das Mädchen denken, dass es ebenfalls eine schlanke Figur haben muss. Die Aussagen anderer Menschen bestätigen seine Annahme. Im Sportunterricht reißt ihm dann auch noch die Sporthose und da die Mitschüler sich lautstark über das Mädchen lustig machen, fasst es einen Entschluss. Es muss dringend Gewicht verlieren. Um schnelle Ergebnisse zu bekommen, treibt das Mädchen exzessiv Sport und reduziert daraufhin seine Nahrungsaufnahme, obwohl es eigentlich ein gesundes Essverhalten besitzt.

Im genannten Beispiel ist gut zu erkennen, dass das Reißen der Sporthose der Trigger für den Beginn einer Essstörung ist. Die Ursache liegt hier jedoch in den abwertenden Kommentaren, welche das Mädchen regelmäßig ertragen musste. Folglich hat nur noch ein Tropfen gefehlt, der das Fass zum Überlaufen gebracht hat. Die Sporthose und das Gelächter der Mitschüler haben das Mädchen so verunsichert, dass es ab diesem Zeitpunkt eine fragwürdige Diät beginnt.

Das Fatale daran ist, dass aus solchen Verhaltensweisen auch zwanghafte psychische Erkrankungen entstehen können. Aus einer Diät kann sich schnell eine Essstörung entwickeln, besonders, wenn die Betroffenen durch äußere Faktoren wie im Beispiel beeinflusst werden. Es kann passieren, dass Betroffene gar nicht wissen, wie sie mit einer solchen Extremsituation umgehen sollen, und letztendlich maßlos überfordert sind. Das kann das Sicherheitsgefühl der Betroffenen schädigen und extreme Reaktionen sowie Ängste fördern.

Die Ursache einer Binge-Eating-Störung bezieht sich dabei auf die Vergangenheit der jeweiligen Personen und deren Erfahrungen sowie einschneidende Erlebnisse. Schwerwiegende Traumata können verantwortlich für die Entstehung von Essstörungen sein. Ursachen und Auslöser lassen sich nicht immer klar voneinander abgrenzen und es gibt auch nicht den einen Auslöser für die Binge-Eating-Erkrankung. Meist ist es ein Zusammenspiel von mehreren Faktoren, die die Erkrankung zum Ausbruch bringen können. Bei der Binge-Eating-Störung wollen Betroffene ihre Gefühle, Ängste und Sorgen mithilfe von Essen betäuben. Meistens haben Betroffene schlechte Erfahrungen machen müssen und nie gelernt, mit ihren Emotionen, Gefühlen und Gedanken umzugehen.

Mögliche Ursachen und Risikofaktoren, die eine Binge-Eating-Erkrankung begünstigen können

- familiäre und soziale Einflüsse
- wenn in der Familie keine gesunde Ernährungsweise praktiziert wird und Kinder schon von klein auf mit ungesunder Ernährung konfrontiert werden
- vorgelebte Essstörungen oder andere psychische Erkrankungen der Eltern
- geringe Unterstützung bei der Bildung eines gesunden Selbstwertgefühls
- Kritik am eigenen Körper durch Eltern, Verwandte und Bekannte
- traumatische Erfahrungen und Erlebnisse
- verzerrte Selbstwahrnehmung
- Schönheitsideale führen zu einem geringen Selbstwertgefühl
- körperliche Einflüsse
- ein hoher Body-Mass-Index (BMI)
- häufige Diäten
- Übergewicht schon in der Kindheit
- eigene Anfälligkeit für psychische Erkrankungen
- genetische Veranlagung
- Hormonumstellungen
- Persönlichkeitsmerkmale
- niedriges Selbstwertgefühl und Selbstbewusstsein
- negatives Selbstbild

Auslöser, also Triggerpunkte, können dazu führen, dass eine Binge-Eating-Störung ausbricht. Sind bereits mehrere Risikofaktoren vorhanden, braucht es meist nur einen bestimmten Auslöser, der die Binge-Eating-Störung in Gang setzt. Der Schlüsselreiz kann ein hochemotionales Erlebnis sein, aber auch beispielsweise durch ganz banale Äußerungen seitens der Mitmenschen ausgelöst werden.

Auslöser und Schlüsselfaktoren für den Ausbruch der Binge-Eating-Störung

- **Stress**

Sind Betroffene Extremsituationen ausgesetzt und wissen nicht, wie sie damit umgehen sollen, kann das Essen als Entspannungsmethode herhalten. Starke Anspannung und Gereiztheit werden durch Essen kurzfristig gelindert. Besonders Menschen, die nicht gelernt haben, Stresssituationen allein zu meistern, sind besonders gefährdet.

Beispiel:
Julia weiß nach dem Tod ihres Vaters nicht mehr weiter. Sie hat Stress im Job, in ihrer Beziehung und muss die Beerdigung ihres Vaters organisieren. Um sich selbst konnte sich Julia schon seit längerem nicht mehr kümmern. Sie fühlt sich dauerhaft krank und erschöpft. Seit ein paar Tagen lastet auf ihr der Druck, die Beerdigung zu organisieren, und zusätzlich befürchtet sie, dass ihre Ehe auch nicht mehr lange halten wird, weil sie nur noch Streit mit ihrem Mann hat. Julia versucht, ihre Trauer und ihren Kummer nach der Arbeit, wo sie von ihrem Chef ständig getadelt wird, durch Essen zu betäuben.

- **Einsamkeit und Depressivität**

Um die innere Leere zu füllen, greifen Betroffene zum Essen. Das Essen dient als Ersatzbefriedigung für fehlende Nähe und als Trost.

Beispiel:
Mark wünscht sich von seinen Eltern, dass sie ihn mehr bei der Schule unterstützen. Leider sind sie nur mit ihrer Arbeit beschäftigt und vernachlässigen ihn seit Monaten. Mark frisst seinen Kummer wortwörtlich in sich hinein und zieht sich regelmäßig mit Unmengen an Süßigkeiten in sein Zimmer zurück.

- **dauerhaftes Übergewicht in Kombination mit Diäten**

Meiden Betroffene häufig durch Diäten Kohlenhydrate oder Zucker und befinden sie sich dann in einem Defizit, so können Essanfälle schneller ausgelöst werden.

Beispiel:
Lina ist übergewichtig, seit sie denken kann. Sie hat schon viele Diäten ausprobiert. Wenn sie dann mal ein paar Kilo abgenommen hat, überkommt sie ein unbändiger Heißhunger, bei dem sie sich nicht mehr kontrollieren kann. Mittlerweile häufen sich ihre Essanfälle, sobald sie eine Diät beginnt.

- **Vergleiche mit Schönheitsidealen**

Die Frustration über den eigenen Körper kann emotionales Essen fördern. Ist das Selbstwertgefühl auf dem Tiefpunkt, kann sich eine Binge-Eating-Störung ungehindert ausbilden.

Beispiel:
Wenn Lukas in den sozialen Medien unterwegs ist, sieht er nur perfekte Menschen, die einen durchtrainierten Körper und ein makelloses Erscheinungsbild besitzen. Immer, wenn er sich vor den Spiegel stellt, sieht er das komplette Gegenteil. Er findet sich zu dick und er hasst sein Gesicht, welches in seinen Augen durch Akne entstellt ist. Jedes Mal, wenn er die perfekten Menschen sieht, greift er aus Frust zu Süßigkeiten.

- **Angriff auf das eigene Selbstbewusstsein**

Werden Betroffene durch Außenstehende aufgrund ihres Aussehens oder ihrer Figur herabgesetzt, kann dieser Umstand zu Frustessen führen. Häufen sich diese Vorfälle, tragen sie dazu bei, eine Binge-Eating-Störung zu entwickeln.

Beispiel:
Emilias Mutter findet ihre Tochter zu dick. Fast jeden Tag kommentiert sie Emilias Aussehen. Das nagt an Emilias Selbstbewusstsein, sodass auch Emilia ihren Körper zu dick findet. Emilia beginnt daraufhin eine Diät, bei der sie allerdings häufiger Essattacken entwickelt, die ihren gesamten Diätplan wieder zunichtemachen.

- **Triggerpunkte in Alltagserfahrungen**

Entspricht der eigene Körper nicht den gewünschten Vorstellungen, erleiden Personen Mobbing oder Ausgrenzung, können selbst die kleinsten negativen Ereignisse in dieser Richtung Binge Eating auslösen, besonders dann, wenn sich Betroffene sowieso schon exzessiv mit ihrem Körpergewicht und ihrem Körperbild auseinandersetzen.

Beispiel:
Lisa wünscht sich einen Körper mit Modelmaßen. Schon sehr früh hat sie auf ihr Äußeres geachtet. Dafür trainiert sie regelmäßig und ernährt sich sehr gesund. Sie findet, dass sie ihren Körper schon sehr gut modelliert hat. Neulich wurde sie von einer Freundin gefragt, ob Lisa zugenommen hätte. Das hat Lisa sehr verunsichert und sie beschäftigt sich jetzt noch intensiver mit ihrem Gewicht. Sie beginnt daraufhin, zu hungern, um noch mehr Gewicht zu verlieren. Jedoch überkommt sie nach ein paar Tagen ein immenser Heißhunger und Lisa kann nicht aufhören, zu essen.

Auch können Überreizung und Dauerstress im Alltag die persönliche Frusttoleranz herausfordern und mögliche Auslöser für Binge Eating sein. Ungesunde Gewohnheiten wie Essen vor dem Fernseher oder allgemeine Heißhungeranfälle aufgrund falscher Ernährung erhöhen das Risiko, an Binge Eating zu erkranken.

Beispiel:
In Toms Familie gibt es keine geregelten Essenszeiten. Alle Familienmitglieder sind ständig mit etwas beschäftigt, sei es die Arbeit oder die Schule. Jeder greift zu ungesunden Snacks und abends vor dem Fernseher stehen immer Chips und Süßigkeiten bereit. Tom wünscht sich manchmal eine kleine Auszeit von dem ganzen Stress, weil er den ganzen Tag nur funktionieren muss. Morgens muss er in die Schule, nachmittags zur Nachhilfe und danach muss er noch zwei Stunden seinem Nebenjob nachgehen. Tom fühlt sich überfordert und hat selbst am Wochenende keine Ruhe, weil er auf seine kleineren Geschwister aufpassen muss. Tom greift oft zu Fertiggerichten und ihn plagen oft Essensgelüste, die ihn mehrfach die Woche überkommen.

Auf einen Blick: Kennzeichen einer Binge-Eating-Störung

- wiederkehrende Essanfälle (mindestens einmal in der Woche und dreimal im Monat)
- übermäßig schnelle Nahrungsaufnahme
- Nahrungsaufnahme bis zu einem im Übermaß vorhandenen Völlegefühl
- Fortsetzen des Essens über das Hungergefühl hinaus
- Essen findet häufig allein statt
- hoher Leidensdruck durch Schamgefühl und Selbstvorwürfe
- Rückzug aus dem sozialen Leben

Diäten und Ernährungsumstellungen

Typische Diäten, wie sie aus Klatschzeitungen bekannt sind, bergen allgemein ein hohes Potenzial, Essstörungen zu fördern. Mit Nulldiäten oder extremen Crashdiäten wird den Menschen vorgegaukelt, sie könnten innerhalb kürzester Zeit Gewicht verlieren und sich einen gesunden Körper aufbauen. Das Fatale daran ist, dass die meisten Diäten nur wirksam sind, wenn sie dauerhaft in den Alltag integriert werden. Die meisten Diäten sind jedoch für eine dauerhafte Anwendung ungeeignet und würden den Körper irgendwann in einen Nährstoffmangel treiben. Gleichermaßen fördern sie Heißhungerattacken, weil der Körper die fehlenden Nährstoffe einfordert. Dadurch entstehen körperliche Reaktionen wie Nervosität oder Unruhezustände, die kaum auszuhalten sind. Die Folge ist, Sie können sich irgendwann nicht mehr beherrschen und geben sich Ihren Gelüsten hin. Finden Sie anschließend nach der Diät zurück in Ihren Alltag, sorgen alte Essgewohnheiten dafür, dass die Kilos ganz schnell wieder auf die Hüften wandern. Ein großes Problem von Diäten ist, dass, je öfter Sie eine Diät vollziehen, der Körper jedes Mal heftigere Reaktionen auf den Nährstoffmangel zeigt. Folglich nimmt der Heißhunger zu und tritt regelmäßiger in Erscheinung. Das Risiko für Essanfälle und eine Binge-Eating-Erkrankung steigt enorm.

Nur eine gesunde Ernährungsumstellung mit einer ausreichenden Nährstoffversorgung kann Heißhunger und Essanfällen vorbeugen und so dauerhaft für das optimale Wunschgewicht sorgen. Modediäten sind nur als Notlösung anzusehen und sollten niemals über einen längeren Zeitraum angewandt werden, weil sie den Körper dazu bringen, auf wertvolle Nährstoffe zu verzichten. Medizinische Diäten unter Aufsicht eines Arztes können Erfolge mit sich bringen und den Körper dauerhaft auf eine gesunde Lebensweise trainieren. Es ist deshalb wichtig, vor jeder größeren geplanten Gewichtsreduzierung einen Arzt zurate zu ziehen. Auch die Hilfe von Ernährungsberatern ist eine gute Möglichkeit, die eigene Ernährung unter die Lupe zu nehmen. Diäten auf eigene Faust durchzuführen, erhöht nur das Risiko, in gefährliche Essstörungen abzurutschen. Der Weg hinein in die Essstörung ist leichter als gedacht, aus ihr herauszufinden, ist wiederum eine anstrengende und komplexe Aufgabe. Dies ist auch der Grund, weshalb Diäten sehr kontrovers diskutiert werden. Sie versprechen schnelle Erfolge bei der Gewichtsabnahme. Über die möglichen Folgen von Diäten spricht jedoch selten jemand.

Checkliste – Der Selbsttest

Nachfolgend finden Sie eine Liste von Symptomen, die einen Hinweis darauf geben können, ob Sie möglicherweise unter einer Essstörung leiden könnten. Bei der Auswertung sollten Sie im Hinterkopf behalten, dass für das Vorliegen einer möglichen Essstörung das entsprechende Verhalten über Wochen und Monate und nicht kurzfristig zu beobachten ist. Stellen Sie sich die jeweiligen Fragen und seien Sie ehrlich zu sich selbst. Je mehr Fragen Sie für sich mit Ja beantworten können, desto wahrscheinlicher ist es, dass Ihre Symptome auf eine mögliche Essstörung hindeuten.

Hinweis:
Denken Sie daran, dass die Diagnose einer Essstörung nur von einem Fachmann vollzogen werden kann. Dazu gehören neben Ärzten auch Therapeuten. Sollten Sie bei sich selbst eine Essstörung vermuten, sollten Sie daher Ihren Mut zusammennehmen und mit dem Arzt Ihres Vertrauens Kontakt aufnehmen, damit dieser, gemeinsam mit Ihnen, die passenden Maßnahmen einleiten und Sie bei der Genesung unterstützen kann.

Unzufriedenheit mit dem eigenen Äußeren

☐ Sie fühlen sich regelmäßig zu dick, obwohl Sie normal- oder untergewichtig sind?

☐ Ihre Gedanken kreisen dauerhaft um den Wunsch, Ihr Gewicht zu reduzieren?

☐ Sie haben große Angst, zuzunehmen?

☐ Sie wiegen sich häufig?

☐ Sie messen bestimmte Körperteile, um sicherzustellen, dass sich Ihre Maße nicht verändert haben?

☐ Sie überprüfen Ihren Körper im Spiegel kritisch?

☐ Sie sind sehr darauf bedacht, sich an Ihrer Kleidergröße zu orientieren?

☐ Sie vergleichen sich regelmäßig mit dem Äußeren von anderen Personen und beurteilen sich dabei als sehr negativ?

☐ Sie nehmen Abführmittel, weil Sie auf diese Weise Ihr Gewicht reduzieren wollen?

Auffälligkeiten der Gefühlslage

☐ Ihr Selbstwertgefühl ist nur sehr gering ausgeprägt?

☐ Sie fühlen sich häufig depressiv verstimmt?

☐ Sie sind sehr leistungsorientiert?

☐ Es ist Ihnen wichtig, perfekt zu sein?

☐ Sie sind leicht reizbar und sehr impulsiv?

Veränderungen des Körpers

☐ Ihr Gewicht hat sich stark verändert?

☐ Sie sind empfindlich gegen Kälte?

☐ Ihre Finger und Zehen verfärben sich blau?

☐ Sie leiden unter Kreislaufproblemen?

☐ Sie kämpfen mit Schwindelattacken?

☐ Ihre Haare und Nägel sind brüchig?

☐ Sie leiden unter Haarausfall?

☐ Ihre Periode verläuft unregelmäßig oder bleibt gänzlich aus?

Auffälligkeiten im Essverhalten

☐ Ihr ganzer Tagesablauf richtet sich am Gedanken ans Essen aus?

☐ Sie essen nicht, was Ihnen schmeckt, sondern achten verstärkt darauf, welchen Fett- und Kaloriengehalt bestimmte Lebensmittel zu bestimmten Tageszeiten haben?

☐ Sie essen langsam und weisen Auffälligkeiten im Umgang mit Essen auf?

☐ Sie lassen einige Mahlzeiten aus?

☐ Gemeinsame Mahlzeiten vermeiden Sie ganz?

☐ Sie unterteilen Ihre Lebensmittel in verschiedene Kategorien?

☐ Sie leiden unter heimlichen Essanfällen?

☐ Sie versuchen sich an verschiedenen Diäten?

☐ Sie kochen für andere gerne, essen aber selbst nicht mit?

☐ Sie verstecken Lebensmittel, um auf diese bei Fressattacken zurückgreifen zu können?

☐ Sie essen vorrangig in Stresssituationen?

Die Bedeutung der Veränderung

Ein gesundes Körpergefühl ist die Basis für ein glückliches Leben. Leiden Betroffene an Binge Eating, ist die Lebensqualität enorm eingeschränkt. Der Alltag kann zu einer regelrechten Tortur werden, da sich die Gedanken nur noch ums Essen und um den eigenen Körper drehen. Wenn die Krankheit besonders stark ausgeprägt ist, wird es zunehmend schwerer, die Binge-Eating-Erkrankung vor dem eigenen sozialen Umfeld zu verstecken. Gerade, wenn die Betroffenen gemeinsam mit Eltern oder Lebensgefährten zusammenwohnen, fallen vielleicht irgendwann die geplünderten Vorräte oder leeren Lebensmittelverpackungen im Hausmüll auf. Möglicherweise kann sich die Erkrankung auch bei den Finanzen bemerkbar machen und Angehörige fragen sich nach einiger Zeit, wohin das gesamte Einkommen fließt. Binge Eating ist nicht nur eine ernstzunehmende Erkrankung, die für den Körper und die Psyche belastend ist, sie bringt Betroffene auch dazu, die Essanfälle mit allen Mitteln zu vertuschen. Betroffene führen so ein geheimes Zweitleben und müssen sich nicht nur um ihre Heißhungerattacken kümmern, sondern auch dafür sorgen, dass niemand etwas davon mitbekommt. Dieses Vorgehen zehrt an den Nerven und an den Kräften. Verständlich, dass Betroffene ihre Binge-Eating-Erkrankung bekämpfen möchten. Die wenigsten Menschen wissen allerdings, wie sie dabei vorgehen sollten.

Um Binge Eating zu überwinden, muss demnach Ursachenforschung betrieben werden. Zusätzlich bedarf es einer Analyse der Auslöser und in jedem Falle einer professionellen Therapie. Nur so kann sichergestellt werden, dass Betroffene aus dem Teufelskreis des emotionalen Essens ausbrechen können. Dabei sollte nicht vergessen werden, dass auch die Eigeninitiative und die persönliche Disziplin trainiert werden müssen. Allein mit einer Ernährungsumstellung und einer Psychotherapie ist es nicht getan. Betroffene sollten Konzepte erarbeiten, die sie in ihrem Alltag anwenden können, wenn sie mit Triggerpunkten in Berührung kommen. Es erfordert sehr viel Zeit und Geduld, das Leben mit einer Binge-Eating-Erkrankung zu verändern. Alte Gewohnheiten und Muster müssen durchbrochen werden, damit Betroffene zu sich und ihrem Körper zurückfinden.

Warum es sich lohnt, gegen Binge Eating anzukämpfen:

✓ Die körperliche und psychische Gesundheit verbessern sich schlagartig.

✓ Betroffene müssen sich nicht mehr beim Essen verstecken und können ihre Mahlzeiten wieder genießen.

✓ Das Gewicht reduziert und reguliert sich selbst, wenn Betroffene lernen, intuitiv zu essen.

✓ Steigerung des Selbstwertgefühls

✓ Das soziale Leben kann sich wieder normalisieren.

So finden Betroffene ihre Motivation wieder

Aus alten Gewohnheiten auszubrechen, erfordert sehr viel Mut und Anstrengung. Noch dazu die Motivation aufrechtzuerhalten, nicht wieder in alte Muster zu verfallen, gestaltet sich für viele Betroffene schwierig. Häufig kommt es zu Rückfällen und ebendiese Rückfälle können Betroffenen erheblich zusetzen, sodass sie den Glauben an sich selbst verlieren. Folglich fallen sie wieder zurück in gewohnte Verhaltensweisen und arrangieren sich mit ihrer Erkrankung. Diese Resignation führt zusätzlich dazu, dass sich Betroffene schämen und vollkommen ihre Motivation verlieren. Doch das muss nicht sein. Mit einem gefestigten Mindset können Betroffene gegen ihre Krankheit ankämpfen und diese dauerhaft in den Griff bekommen.

In diesem Buch befinden sich nicht nur Anleitungen und Ratschläge zur Bekämpfung der Binge-Eating-Störung, sondern auch präventive Maßnahmen, motivierende Tipps sowie Methoden für die Zeit nach der Essstörung. Denn nicht nur die Bekämpfung der Krankheit ist wichtig, es muss auch sichergestellt werden, dass betroffene Personen ihre Selbstbeherrschung sowie ihre Körperwahrnehmung trainieren und ihren Fokus nicht mehr auf Trigger legen, die für Rückfälle verantwortlich sind. Zudem ist es notwendig, die Motivation Betroffener zu fördern, damit sie erkennen, dass sie ihre Krankheit besiegen können.

Sind auch Sie von Binge Eating betroffen, müssen Sie, bevor Sie mit der Bekämpfung Ihrer Krankheit beginnen, Ihr Selbstvertrauen stärken. Eine gesunde Motivation ist hier der Schlüssel zum Erfolg. Möglicherweise ist Ihre Motivation noch nicht auf dem Level, auf dem Sie sie gerne hätten, und das birgt für Sie das Risiko, einen Rückfall zu erleiden. Lernen Sie zunächst, wie Sie sich selbst motivieren können, weiterzumachen. Dann werden Sie in kritischen Situationen auf dieses Wissen zurückgreifen können und sich nicht von Rückschlägen entmutigen lassen. Nachfolgend finden Sie ein paar hilfreiche Tipps, wie Sie sich dauerhaft motivieren und Ihr Durchhaltevermögen verbessern.

Motivationstipps für mehr Selbstvertrauen

• Lernen Sie Ihre Schwächen kennen und versuchen Sie, diese zu akzeptieren. Schreiben Sie all Ihre Schwächen auf, die Ihnen einfallen.

○ Für welche Schwächen schämen Sie sich besonders und warum?

___

___

○ Können Sie auch etwas Gutes in Ihren Schwächen erkennen? Wenn ja, dann schreiben Sie diese Erkenntnisse nieder.

___

___

○ Welche Schwächen zeigen sich bei Ihnen regelmäßig? Welche Schwächen eher weniger?

___

___

○ Welche Schwächen lassen sich vielleicht beheben und bei welchen Schwächen wird es schwieriger?

___

___

○ Welche Schwächen konnten Sie in der Vergangenheit in Stärken umwandeln?

___

___

○ Wie möchten Sie in der Zukunft mit Ihren Schwächen umgehen? Welche Erfolge könnten sich daraus ergeben?

___

___

○ Überlegen Sie sich, wie Sie lernen könnten, Ihre Schwächen zu akzeptieren. Welche Gedanken hindern Sie daran, sich selbst mit allen Fehlern anzunehmen?

___

___

• Stellen Sie keine Vergleiche mit anderen Betroffenen an. Es mag sein, dass jemand aus Ihrem Bekanntenkreis ohne Hilfe aus einer Essstörung herausgefunden hat, bei Ihnen kann der Prozess aber ganz anders verlaufen. Auch ist die Dauer einer Therapie bei jedem Menschen individuell und richtet sich nach den persönlichen Bedürfnissen und nach dem Schweregrad der Erkrankung. Lassen Sie sich also nicht beirren und bauen Sie selbst keinen Druck auf. Dies ist nicht förderlich für Ihre Motivation. Behalten Sie deshalb immer Ihre eigenen Fortschritte im Auge und erfreuen Sie sich auch an kleinen Erfolgen. Richten Sie während der gesamten Therapie den Fokus auf sich selbst und achten Sie auf Ihre eigenen Bedürfnisse.

• Stärken Sie Ihren Optimismus. Es mag für Sie ungewohnt sein, negativen Situationen etwas Gutes abzugewinnen. Doch versuchen Sie, im Alltag Ihren Blick auf die positiven Dinge im Leben zu lenken. Gerade, wenn es Ihnen nicht so gut geht, ist es von Vorteil, wenn Sie sich in Dankbarkeit üben und darauf zurückblicken, was Sie schon alles geschafft haben. Das macht Sie stolz und zeigt Ihnen, wie viel Mut in Ihnen steckt – ein zusätzlicher Push für Ihre Motivation. Ebenso sollten Sie Ihren Körper nicht als Gegner, sondern als guten Freund betrachten. Niemand ist perfekt und Sie müssen das auch gar nicht sein. Versuchen Sie, positiv gestimmt in Ihre Zukunft zu blicken, denn Sie haben sich dazu entschieden, gegen Ihre Krankheit anzukämpfen, und das ist schon ein enormer Schritt. Viele Betroffene wagen diesen ersten Schritt nicht und rutschen mehr und mehr in ihre eigene Welt ab. Selbst, wenn Sie einen Rückfall erleiden, können Sie daraus lernen und für die Zukunft bessere Maßnahmen ergreifen, die Ihnen den Weg aus der Essstörung erleichtern. Ihre Gedanken haben die Macht, scheinbar Unmögliches zu erreichen. Oder glauben Sie, ein Sportler würde Rekorde erzielen, wenn er nicht an seine Fähigkeiten und an seinen Erfolg glaubt? Eine positive Einstellung eröffnet Ihnen ungeahnte Möglichkeiten und verschafft Ihnen zusätzlich die Hoffnung auf ein gesundes und glückliches Leben ohne Essstörung.

• Achten Sie auf Ihre Bedürfnisse und vernachlässigen Sie diese keinesfalls. Dies ist ein besonders wichtiger Punkt, um motiviert zu bleiben. Kümmern Sie sich nicht gut um sich selbst, wandern Ihre Stimmung und Ihr Selbstwertgefühl in den Keller, und das begünstigt wiederum Rückfälle. Sorgen Sie deshalb für ein Rundum-sorglos-Paket für Ihren eigenen Körper. Verbringen Sie Zeit mit Aktivitäten oder Hobbys, die Ihnen guttun, verwöhnen Sie Ihre Seele mit einem guten Buch oder legen Sie einen Wellnesstag ein, bei dem Sie Ihrem Körper die volle Aufmerksamkeit schenken. Zum einen ist dies eine gute Möglichkeit, sich selbst wieder lieben zu lernen, und zum anderen finden Sie Ideen, um depressiven und unmotivierten Phasen entgegenzuwirken. Sich selbst ganz oben auf die Prioritätenliste zu setzen ist etwas, das viele Menschen, auch ohne Essstörungen, gerne vergessen. Sie werden sehen, wenn Sie sich besser fühlen, kommt die Motivation von ganz allein.

- Reflektieren Sie Ihr Umfeld und umgeben Sie sich nur mit Menschen, die Ihnen ein positives Gefühl geben und Sie wertschätzen. Für diese Menschen müssen Sie sich nicht verstellen oder gewisse Kriterien erfüllen. Sie nehmen so den Druck heraus und vermeiden unbegründete Kritik, welche Ihrem Selbstbewusstsein schadet. Es gibt leider immer Menschen, nach deren Meinung niemand gefragt hat, und genau diese Menschen haben das Talent, andere Menschen in einen Sog aus Selbstkritik, Selbsthass und Minderwertigkeitskomplexen hineinzuziehen. Besonders beobachtet wird dieses Phänomen auf Social-Media-Plattformen. Bodyshaming ist dort an der Tagesordnung und kann die Psyche nachhaltig schädigen. Überlegen Sie deshalb genau, wen Sie in Ihren engeren Kreis einladen möchten. Filtern Sie Ihre sozialen Kontakte und entscheiden Sie, welche Sie davon besser abbrechen oder nur noch sporadisch pflegen sollten. Ihrem Selbstbewusstsein und Ihrer Motivation tun Sie mit diesem Vorgehen einen großen Gefallen.

- Legen Sie jeglichen Perfektionismus ab. Sie wollen gegen Ihre Krankheit ankämpfen und da wird nicht immer alles perfekt laufen. Sie werden sicherlich mehrfach frustriert sein, Fehler machen und sich vielleicht sogar wieder in der altbekannten Esssituation wiederfinden. Das ist ganz normal und Sie müssen erst lernen, welche Maßnahmen Ihnen dabei helfen, aus der Binge-Eating-Störung herauszukommen. Sie werden nicht von heute auf morgen geheilt sein. Sie brauchen Zeit, viel Selbstreflexion, geeignete Hilfen und vor allem eine veränderte Einstellung zu sich und Ihrem Körper, um Binge Eating zu überwinden. Auch Jahre später kann es passieren, dass Sie mit einem emotionalen Trigger in Kontakt kommen und Binge Eating wieder ein Thema in Ihrem Leben wird. Betroffene leben sehr oft jahrelang symptomfrei und dennoch flammt die Krankheit im Hintergrund durch bestimmte Stressfaktoren wieder auf. Hier ist es wichtig, dass Sie sich nicht entmutigen lassen und akzeptieren, dass die Krankheit immer ein Teil Ihrer Vergangenheit sein wird.

- Legen Sie sich einen Plan zurecht, wie Sie Ihre Motivation aufrechterhalten können, wenn Sie einmal in eine Schieflage geraten. Finden Sie motivierende Zitate, lesen Sie erfolgreiche Erfahrungsberichte oder erstellen Sie ein Tagebuch, in welches Sie Ihre täglichen positiven Erfolge eintragen. Auch das Ausformulieren Ihrer Ziele kann dabei hilfreich sein. Immer, wenn Sie das Gefühl haben, auf der Stelle zu treten, oder in alte Muster verfallen, können Sie sich Ihren persönlichen Motivationsplan zur Hand nehmen. Er wird Ihnen zeigen, dass sich die Mühe lohnt und Sie es schaffen werden, Ihre Krankheit zu bekämpfen, selbst, wenn Sie manchmal daran zweifeln.

Die 7 Schritte der Anti-Binge-Eating-Formel

Binge Eating kann Ihren Alltag enorm einschränken und Sie dabei vollständig vereinnahmen. Die Heißhungerattacken werden unerträglich und wirken sich negativ auf Ihr Selbstbewusstsein und Ihre Gesundheit aus. Sowohl körperlich als auch psychisch belastet Binge Eating Ihren Körper und bringt Ihr Leben völlig durcheinander. Nicht nur Ihre Gesundheit kann unter dieser Essstörung leiden, sondern auch Ihr Berufsleben, Ihre sozialen Kontakte sowie Ihr gesamtes Privatleben. Eine gesunde Beziehung zum Essen ist bei der Binge-Eating-Störung vollständig abhandengekommen und so quälen Sie sich tagtäglich mit den Folgen Ihrer Erkrankung. Doch auch Sie können einen Ausweg aus dieser Essstörung finden und emotionalem Essen den Kampf ansagen. Essen sollte ein Genuss sein und nicht zu einer Sucht heranwachsen.

Mithilfe von 7 ausgearbeiteten Schritten, die in diesem Kapitel vorgestellt werden, ist es möglich, Binge Eating zu überwinden und individuelle Präventivmaßnahmen zu entwickeln. Die 7-Schritte-Methode ist ein Leitfaden mit Bewältigungsstrategien, praktischen Übungen sowie Tipps, welche Ihnen dabei helfen werden, eine positive Körperwahrnehmung zu entwickeln. Außerdem lernen Sie, schädliche Muster und Gewohnheiten zu durchbrechen und durch gesündere zu ersetzen. Wenden Sie die 7-Schritte-Methode an, wenn Sie Ihr Leben endlich in vollen Zügen genießen und Ihr Essverhalten normalisieren möchten.

Bevor Sie mit der Ausführung der Methoden beginnen, sollten Sie sich darüber im Klaren sein, dass auch die 7-Schritte-Methode kein Allheilmittel darstellt. Da nicht jeder Mensch gleich ist, kann diese erprobte Methode bei manchen Menschen nicht den gewünschten Erfolg herbeiführen. Hier muss dann beispielsweise tiefer in die Ursachenforschung eingegangen werden, um das Problem nicht nur oberflächlich zu behandeln. Nur, wenn Sie die Ursache hinter Ihrer Krankheit kennen und erforschen, ist eine dauerhafte Heilung möglich. Es mag auch sein, dass Sie umfassende professionelle Unterstützung benötigen und die vorgestellten Methoden für Sie nicht den gewünschten Effekt erzielen. Dann sind Sie vielleicht noch nicht so weit und müssen einen Schritt zurückgehen und sich gedulden, bis Sie bereit sind, den nächsten Schritt zu wagen. Geduld spielt bei der Bekämpfung von Essstörungen eine große Rolle, denn die psychischen Probleme müssen hier zuerst behandelt werden, bevor es möglich ist, das eigene Verhalten zu verändern. Ebenso benötigen Sie das Wissen über Techniken zur Behebung und Vorbeugung festgefahrener Verhaltensmuster. Ein Mensch kann sich nicht ändern, wenn er zuvor keinen Plan für sein weiteres Vorgehen ausgearbeitet hat.

Die 7-Schritte-Methode beinhaltet:

- **Selbstwahrnehmung und Selbstbeobachtung**
Hier lernen Sie, Ihr eigenes Essverhalten zu hinterfragen und Ihre gewohnten Essensmuster zu beobachten.

- **Ernährungstechnische Ratschläge**
Sie lernen gesunde Ernährungsweisen, die Ausarbeitung eines ausgewogenen Ernährungsplans und präventive Maßnahmen gegen Heißhunger kennen.

- **Bewältigungsstrategien mit vorheriger Analyse des Essverhaltens**
Dieser Schritt bezieht sich auf die Erkennung von emotionalem Essverhalten sowie auf Stressbewältigungs- und Entspannungstechniken.

- **Achtsamkeit und intuitive Ernährung**
Sie lernen die Bedeutsamkeit intuitiver Ernährung kennen und beschäftigen sich mit dem achtsamen Genuss von Lebensmitteln.

- **Körperliche Gesundheit und Aktivität**
Hier finden Sie Anregungen zu körperlicher Aktivität und erfahren, wie sportliche Betätigung Ihnen bei der Genesung helfen kann.

- **Unterstützung und professionelle Hilfestellungen**
Auf Grundlage der vorangegangenen Kapitel werden die Notwendigkeit und der Erfolg professioneller Betreuung und Beratung behandelt.

- **Rückfallprävention**
Sie lernen dauerhafte Maßnahmen, um Rückfälle zu vermeiden, und entwickeln eigene präventive Methoden im Alltag.

Sie finden zu jedem der genannten Punkte in diesem Kapitel ausgiebige Hintergrundinformationen, praktische Übungen sowie persönliche Fragestellungen und Anregungen für Ihre Alltagspraxis. Arbeiten Sie sich Punkt für Punkt durch und notieren Sie Ihre Gedanken und Ihre Fortschritte in einem Notizbuch, welches Sie auch als Ernährungstagebuch nutzen können. Diese Notizen können außerdem für Ihren behandelnden Arzt oder Therapeuten eine wichtige Dokumentationshilfe sein.

Schritt 1: Bewusstsein und Selbstbeobachtung

Binge Eating ist eine Erkrankung, bei der Sie sich in wiederkehrenden Episoden des Essens wiederfinden. Eben stehen Sie noch in der Küche und blicken auf den Kühlschrank, im nächsten Moment sitzen Sie mit einer Flut an Lebensmitteln am Tisch und schlingen wahllos alles in sich hinein. Es kommt Ihnen fast wie ein Automatismus vor, der sich in ähnlichen Situationen in Ihrem Alltag zeigt. Der Aufenthalt in der Küche löst bei Ihnen regelmäßig Heißhungeranfälle aus und Sie fragen sich, wieso das eigentlich mit Ihnen geschieht. Wie in Trance gehen Sie an den Kühlschrank, obwohl Sie gar keinen echten Hunger verspüren. Es ist zu einer Gewohnheit geworden, zu essen, sobald Sie nach Hause kommen und in der Küche stehen. Und diese Gewohnheit hat sich über eine lange Zeit gefestigt. Den eigentlichen Grund für Ihren Heißhunger kennen Sie gar nicht, weil der Auslöser schon lange zurückliegt. Vielleicht war es Stress, Überforderung oder einfach nur Traurigkeit, die Sie anfangs mit dem Essen übertönen wollten – einfach, um sich besser zu fühlen und Ihre negativen Gefühle zu betäuben. Mittlerweile besteht aber kaum noch ein Zusammenhang mit dem Ursprung Ihrer Heißhungerattacken und Sie essen immer dann, wenn Sie beruflich oder privat unter Stress stehen. Teilweise essen Sie sogar ohne triftigen Grund und es hat sich eine Gewohnheit daraus entwickelt. Und so erleben Sie fast jeden Tag das gleiche Phänomen, was Ihnen langsam, aber sicher zum Verhängnis wird, weil Sie kaum noch die Kontrolle über Ihr Essverhalten besitzen.

Um aus diesem Teufelskreis auszubrechen, müssen Sie lernen, Ihr Essverhalten und Ihren Gemütszustand zu beobachten. Es mag für Sie zunächst ungewohnt sein, Ihr eigenes Essverhalten zu analysieren und genau zu hinterfragen, warum Sie in manchen Momenten Heißhunger verspüren. Doch für eine erfolgreiche Behandlung der Binge-Eating-Störung geht ein hohes Maß an Selbstbeobachtung sowie die Sensibilisierung der eigenen Wahrnehmung einher. Diese beiden Punkte sind existenziell für eine spätere Selbstreflexion und die Planung von Gegenmaßnahmen. Durch Achtsamkeitstechniken und das Schulen der eigenen Sinne werden Sie Ihr Essverhalten aus einem ganz anderen Blickwinkel betrachten, was Ihnen wiederum tiefe Einblicke in Ihre jetzigen Gewohnheiten vermittelt.

Was sind Gewohnheiten und wie beeinflussen diese den Alltag?

Laut Definition ist eine Gewohnheit ein wiederkehrendes Verhaltensmuster, welches sich durch bestimmte Reize, Ereignisse, Routinen oder Belohnungen im Gehirn verfestigt. Somit entstehen wiederkehrende Abläufe und Reaktionsmuster, die völlig automatisiert ausgeführt werden. Durch Wiederholung werden diese Gewohnheiten im Gehirn abgespeichert und führen zu automatischen Reaktionen und Handlungen. Haben sich Gewohnheiten erst einmal etabliert, lassen sie sich schwer wieder abtrainieren und können sogar je nach Ausprägung den Alltag einschränken. Entwickelt sich die Gewohnheit zu einem Zwang oder einer regelrechten Sucht, kann sie eine Dauerbelastung darstellen. Dann ist professionelle Hilfe auf jeden Fall ratsam. Sind schädliche Gewohnheiten fest im Tagesablauf integriert, können die wenigsten Menschen sich einfach davon loslösen. Sie benötigen Unterstützung und einen Fahrplan für die Etablierung gesünderer Alternativen. Aber auch kleinere Gewohnheiten, die der Gesundheit schaden, sollten überprüft und geändert werden, wenn sich der Lebensstil einer Person verschlechtert.

Beispiele für ungesunde Gewohnheiten

- erhöhter Zuckerkonsum
- Rauchen, Alkohol und Drogenkonsum
- ungesunde Snacks beim Fernsehabend
- wenig Bewegung
- unnötige Geldausgaben
- Frustessen
- sich ständig mit anderen Menschen vergleichen
- Lästern
- Fingernägel kauen
- Fast-Food essen
- Grübeln
- Vorurteile haben
- Pessimismus

Hinweis:
Es gibt zu den genannten Punkten noch eine Vielzahl an schlechten Angewohnheiten, welche die Liste erweitern würden. Allerdings würde dies hier den Rahmen sprengen, da jeder Mensch individuelle Angewohnheiten entwickelt und diese durch die entsprechenden Lebensumstände geprägt sind.

Gewohnheiten können sich auch im Laufe des Lebens verändern und sogar von selbst wieder verschwinden. Diese können positiver oder negativer Natur sein. Positive Angewohnheiten verbessern das Wohlbefinden, während negative Angewohnheiten zu Einschränkungen und Belastungen im Lebensalltag führen können. Schlechte Angewohnheiten schleichen sich meist über einen längeren Zeitraum in Ihr Leben ein, ohne dass Sie es selbst bemerken. Es kann schwierig werden, deren Anfang zu lokalisieren.

Oft kann ein bestimmtes Ereignis oder eine Erfahrung dafür verantwortlich sein, dass sich Gewohnheiten verändern oder neu entwickeln konnten. Vielleicht bemerken Sie auch in Ihrem Alltag gewisse Verhaltensmuster, die sich nach und nach gefestigt haben oder sich noch in der Entwicklung befinden. Das kann beispielsweise eine Tafel Schokolade am Abend sein, die Sie immer herausholen, wenn Sie negative Gefühle verspüren, oder ein ungesunder Snack, der auf keinen Fall fehlen darf, wenn Sie aus Langeweile vor dem Fernseher sitzen. Manch einer erledigt nach der Arbeit noch seinen Heißhunger-Einkauf, eben weil es jeden Tag so ist. Es müssen noch nicht einmal bestimmte Gefühle dahinterstecken, allein die vertraute Umgebung, mit welcher der Heißhunger verbunden wird, kann zum Auslöser werden. Diese Verhaltensmuster zu durchbrechen, wird nicht einfach werden, weil Sie in Ihrem Gehirn fest einprogrammiert sind. Nun liegt es an Ihnen, diese Gewohnheiten umzuprogrammieren, indem Sie sie aufspüren und hinterfragen.

Wenn es Ihnen gelingt, Ihr Verhalten zu beobachten, wird es Ihnen leichter fallen, eine Veränderung herbeizuführen. Menschen mit Suchterkrankungen müssen sich selbst den Spiegel vorhalten, um zu realisieren, wie ihr Verhalten die eigene Erkrankung beeinflusst. Auch Binge Eating ist eine Art Sucht und für eine erfolgreiche Behandlung ist es notwendig, dass Sie lernen, jeden Ihrer Schritte bewusst wahrzunehmen und zu analysieren.

Gefühle und Emotionen spielen bei der Behandlung der Binge-Eating-Erkrankung ebenso eine tragende Rolle wie festgefahrene Verhaltensweisen. Sie können verantwortlich für bestimmte Verhaltensmuster sein und diese eventuell noch verstärken. Emotionales Essen ist ein Symptom und nicht das eigentliche Problem. Dahinter verstecken sich oft ungelöste Probleme und starke Emotionen. Es nützt also nichts, wenn Sie sich Diäten verordnen oder generell Ihr Verhalten ändern möchten. Sie müssen die Ursache und die Auslöser für das emotionale Essen herausfinden, um Ihrem Problem auf den Grund zu gehen. Dazu müssen Sie Ihre Gefühlswelt im Blick behalten und sich selbst im Alltag über die Schulter schauen.

Der erste Schritt besteht deshalb darin, Ihr Verhalten und Ihre Gefühle zu beobachten. Es werden hier noch keine Maßnahmen gegen das übermäßige Essen ergriffen, sondern lediglich Ihr Bewusstsein wird geschärft. Das geschieht durch eine intensive und gezielte Dokumentation Ihres Essverhaltens mithilfe eines Ernährungstagebuchs sowie Aufzeichnungen über Trigger-Faktoren und Emotionen.

Identifizierung von Essgewohnheiten und Mustern

Ein gestörtes Ernährungsverhalten entwickelt sich nicht von selbst. Durch vorgelebte Verhaltensweisen der Eltern oder andere Einflüsse wie Stress, Trauer, Mobbing und vieles mehr wird die Ernährung einer Person maßgeblich geprägt. Schon im Kindesalter spielt die Ernährungsweise eine wichtige Rolle für die spätere Ernährung im Erwachsenenalter. Der Grundstein für eine gesunde Ernährung wird bereits in der Kindheit gelegt. Wird wenig Wert auf eine ausgewogene Ernährung gelegt, behält das Kind aller Wahrscheinlichkeit nach sein ungesundes Essverhalten bis ins Erwachsenenalter bei. Ein Kind, welches beispielsweise immer seinen Teller leer essen muss, wird demnach kein gesundes Sättigungsgefühl entwickeln und als Erwachsener Schwierigkeiten haben, Hunger von Appetit zu unterscheiden. Auch Kindern, die dauerhaften Zugang zu Süßigkeiten haben, fällt es später schwer, einen vernünftigen Umgang mit kalorienreichen und zuckerhaltigen Lebensmitteln zu pflegen. Ungesunde Ernährungsmuster ziehen sich somit durch alle Lebensphasen und sind schwer wieder abzutrainieren, insbesondere, wenn sie bereits in der Kindheit auftreten. Hieraus können schlimmstenfalls Essstörungen wie Binge Eating, Magersucht, Bulimie oder Ähnliches entstehen. Besonders gefährdet sind Personen, die in Ihrer Kindheit Traumatisches erlebt haben und über die Ernährung versuchen, Gefühle und Erlebnisse zu kompensieren. Das Essen dient dann nicht mehr zur Nahrungsaufnahme und ist vielmehr ein Versuch, negative Gefühle zu betäuben.

Weisen Familienmitglieder ebenfalls fragwürdige Ernährungsmethoden oder Essstörungen auf, besteht ein hohes Risiko, dass diese Verhaltensmuster von den Kindern übernommen werden, weil diese es nicht anders gelernt haben. Das Essen wird zur Ersatzbefriedigung oder zum Trostspender, weil es in der Familie keine funktionierende Kommunikation oder Geborgenheit gibt. Folglich können diese falschen Ernährungsmuster nur schwer wieder abgelegt werden und ziehen sich wie ein roter Faden durch deren Leben.

Wie können Sie Ihr Essverhalten identifizieren?

Für die Analyse Ihres Ernährungsverhaltens empfiehlt es sich daher, nicht nur Ihre jetzige Situation zu betrachten, sondern auch langjährige Ernährungsmuster zu erkennen. Fragen Sie sich, wie Ihre Ernährung in Kindesjahren aussah und welche Rolle Ihre Eltern, Ihre Freunde, Bekannte oder auch Idole dabei gespielt haben. Vergleichen Sie Ihre heutige Ernährungssituation mit früher und versuchen Sie, Parallelen und Zusammenhänge zu finden. Oft ist der Prozess einer Essstörung schleichend und kündigt sich durch bestimmte Verhaltensmuster an. Diese Verhaltensmuster können sich bereits in jungen Jahren zeigen oder durch prägende Erlebnisse entstanden sein.

Um einen Überblick über die Ausprägung Ihrer Krankheit und Ihre Gewohnheiten zu erlangen, sollten Sie Ihr Essverhalten bestenfalls jeden Tag dokumentieren. Gehen Sie dabei möglichst detailliert vor. Dies wird die größte Herausforderung für Sie werden, wenn Sie unter Binge Eating leiden. Es kann sein, dass Sie bei Ihren Heißhungerattacken den Überblick verlieren und eine lückenlose Aufzeichnung nicht immer gegeben ist. Zudem kann es Sie überraschen, wie viel Sie in diesem kurzen Zeitraum an Nahrung zu sich nehmen. Versuchen Sie dennoch, aufzuschreiben, wie viel Nahrung Sie konsumiert haben und in welcher Situation dies geschehen ist. Auch Ihre Gedanken und Gefühle sollten keinesfalls außer Acht gelassen werden.

Notieren Sie alle Vorkommnisse des Tages in einem für Sie angelegten Ernährungstagebuch. Vergessen Sie nicht, auch Ihre gewöhnlichen Mahlzeiten und Ihre Phasen, in denen Sie womöglich hungern oder eventuell Gegenmaßnahmen ergreifen, zu notieren. Alle Informationen in Ihrem Ernährungstagebuch können Ihnen im Verlauf Ihrer Therapie behilflich dabei sein, schneller wieder ein geregeltes Essverhalten zu entwickeln.

Verhaltensweisen und Gewohnheiten zu identifizieren, bedarf etwas Geduld und sollte möglichst über einen längeren Zeitraum, wie beispielsweise drei bis vier Wochen, stattfinden. Nur so werden Ihnen Häufungen und Regelmäßigkeiten bewusst und Sie können spontane Reaktionen ausschließen. In besonderen Stresssituationen reagiert der Mensch oft anders als im normalen Alltag. Leichte Ausbrüche oder Abweichungen können vorkommen und sagen demnach noch nichts Konkretes über Ihr Essverhalten aus. Wenn sich aber über vier Wochen schädliche Verhaltensmuster aufzeigen, sollten Sie diese in jedem Fall ernst nehmen und versuchen, daran zu arbeiten. Durch eine lückenlose Dokumentation ist es für Sie nachvollziehbarer, wann sich Ihre Heißhungerattacken häufen und in welchen Situationen Sie keine Kontrolle haben. Möglicherweise lassen sich schon hier einige Auslöser ablesen und Rückschlüsse hinsichtlich der Ursachen ziehen.

Anbei finden Sie einen Fragenkatalog, mit dem Sie Ihrem Essverhalten auf die Spur kommen können. Beantworten Sie die Fragen so ausführlich wie möglich und nehmen Sie sich ausreichend Zeit für Ihre Ausführungen. Seien Sie dabei ehrlich und lassen Sie keine Frage aus, selbst wenn diese unangenehm sein kann. Mit jeder Frage kommen Sie Ihrem Ziel, gegen die Binge-Eating-Krankheit anzukämpfen, näher. Je mehr Sie über Ihr Verhalten erfahren, desto höher sind Ihre Chancen, gesündere Verhaltensmuster zu entwickeln. Hilfreich kann es auch sein, wenn Sie eine nahestehende Person hinzuziehen, die Ihr Essverhalten über eine längere Zeit beobachten konnte. Da die Heißhungeranfälle meist im Geheimen geschehen, wird Ihnen die Person in diesem Bereich nicht weiterhelfen können, aber sie kann Ihnen sonstige Auffälligkeiten beschreiben und ihre eigene Sicht dazu mitteilen. Das schenkt Ihnen einen zusätzlichen Blickwinkel und deckt unbewusste Verhaltensweisen auf, die Ihnen selbst nicht bewusst sind.

- Welche Nahrungsmittel kaufen Sie regelmäßig ein?
- Welche Nahrungsmittel davon sind gesund und welche ungesund?
- Welche Mahlzeiten bereiten Sie häufig zu?
- Haben Sie geregelte Essenszeiten?
- Essen Sie, wenn Sie wirklichen Hunger verspüren, oder greifen Sie häufig zum Essen bei Langeweile, Wut, Frustration, Traurigkeit etc.?

- Greifen Sie oft zu ungesunden Snacks, wenn Sie gestresst sind?
- Wie sah Ihr Essverhalten in der Kindheit/Pubertät aus?
- Wie sieht die Ernährung Ihrer Eltern aus?
- Welche Ernährungsformen kennen Sie?
- Welche Ernährungsformen haben Sie schon ausprobiert?
- Kennen Sie unterschiedliche Diätformen und wenn ja, welche davon haben Sie ausgetestet?
- Wie haben Diäten Ihr Essverhalten beeinflusst?
- Welche Beziehung haben Sie zum Essen entwickelt? Ist diese Beziehung positiv oder eher negativ geprägt?
- Leiden Sie häufig an Heißhunger und wenn ja, wie häufig?
- Bei welchen Situationen zeigen sich Heißhungerattacken?
- Welche Nahrungsmittel nehmen Sie bei Heißhunger zu sich und in welcher Menge?
- Gehen Sie gezielt für Ihren Heißhunger einkaufen?
- Essen Sie in Gesellschaft oder lieber im Stillen für sich allein?
- Welche Gefühle verspüren Sie vor und nach dem Essen?
- Welche Gewohnheiten können Sie bei sich in Bezug auf Ernährung erkennen?
- Welche Tendenzen haben sich in Ihrer Ernährung gezeigt? Wohin entwickelt sich Ihr Ernährungsverhalten möglicherweise?
- Leiden Sie neben Binge Eating an weiteren Essstörungen?
- Hatten Sie in der Vergangenheit oft mit Essstörungen zu kämpfen?
- Was halten Sie an Ihrem Essverhalten für problematisch und was nicht?
- Was fällt Ihnen bei der Ernährung besonders schwer und was besonders leicht?
- Welche Angewohnheiten oder welches Essverhalten möchten Sie umgehend ändern?
- Welche gesunden Alternativen fallen Ihnen zu Ihren ungesunden Verhaltensmustern ein?
- Welche Verhaltensmuster in Bezug auf Essen sehen Sie als besonders kritisch an?
- Welche körperlichen und psychischen Symptome konnten Sie durch Ihr Essverhalten bereits beobachten?
- Welche Folgen kann Ihr Essverhalten für Ihre Gesundheit haben?
- Was benötigen Sie, um Ihr Essverhalten zu ändern?

Aufgabe:
Beobachten Sie sich bei einer Heißhungerattacke ganz genau und versuchen Sie, Ihre Gedanken in dieser Situation einzufangen. Oft ist es so, dass man gerade in diesen Momenten wie ein Roboter agiert und sich danach fragt, wie es überhaupt zu einem Essanfall kommen konnte. Wenn Sie das nächste Mal der Heißhunger überrollt, benennen Sie Ihre Gefühle und Emotionen, die Sie damit verbinden. Fragen Sie sich bewusst, welche Gelüste in Ihnen aufflammen.

Beispiel:
„Ich bin abends ständig gestresst von der Arbeit und möchte die Anspannung loswerden. Ich habe deshalb einen großen Appetit auf alles, was süß und salzig ist."

Indem Sie Ihre Gedanken aussprechen, werden Ihnen schlagartig Ihre Gefühle bewusst und Sie können gleichzeitig auch schon erste Triggerpunkte erkennen. Die Anspannung vom stressigen Arbeitsalltag löst demnach Ihren Heißhunger aus und Sie erkennen nun ein erstes Verhaltensmuster. Außerdem nehmen Sie Ihren Heißhunger bewusster wahr, wenn Sie ihn benennen, und bringen sich mit der aktiven Auseinandersetzung mit Ihrer Situation in eine andere Handlungsebene. Nachdem Sie ausgesprochen haben, was in Ihrem Kopf vorgeht, werden Sie sich fragen, ob Essen wirklich eine Lösung für Ihr eigentliches Problem ist. Die Anspannung wird sich nur für einen kurzen Moment lösen, wenn Sie zu Chips und Co. greifen. Vielleicht fällt Ihnen diesbezüglich eine viel effektivere Lösung ein, wie beispielsweise ein Entspannungsbad, welches Ihre Anspannung lösen kann. Probieren Sie diese Übung einmal aus und notieren Sie unbedingt Ihre Erkenntnisse hierzu. Versuchen Sie, bei Heißhungerattacken häufiger Ihre Gedanken und Ihr Verhalten zu hinterfragen. Das gibt Ihnen tiefe Einblicke in Ihre Gefühlswelt und in fest verankerte Denkmuster.

Hinweis:
Wie Sie Ihr Ernährungsverhalten und Ihre Essgewohnheiten verändern können, erfahren Sie in Schritt 2.

Tagebuchführung und Emotionsverfolgung

Eine Umstellung der Ernährung kann nur erfolgen, wenn Sie Ihr jetziges Ernährungsverhalten kennen und festgefahrene Verhaltensmuster lokalisieren. Ein Ernährungstagebuch kann Ihnen hierbei behilflich sein und hat den Vorteil, dass Sie neben der Dokumentation Ihrer Mahlzeiten auch Einflussfaktoren wie Stimmung, besondere Vorkommnisse oder gesundheitliche Symptome erfassen können. Das Führen eines Ernährungstagebuchs ist recht simpel und kann entweder schriftlich in einem Notizbuch, per Tracking-App oder auch per Sprachnotiz erfolgen. Es geht lediglich darum, Ihre Mahlzeiten aufzuzeichnen und einen Überblick über Ihre Essgewohnheiten zu bekommen. Wenn Sie Ihre Gewohnheiten und die Auslöser für Ihren Heißhunger durchschauen, lernen Sie viel über sich selbst. Außerdem gelingt es Ihnen dann, Schritt für Schritt eine gesündere und bewusstere Ernährung aufzubauen, weil Sie durch Ihre Notizen herausfinden können, wo Sie ansetzen sollten.

Mit dem Protokollieren Ihrer Mahlzeiten sollten Sie unbedingt gewissenhaft und ehrlich umgehen. Auch kleine Naschereien, die leicht in Vergessenheit geraten, dürfen Sie nicht einfach vernachlässigen. Selbst der Keks, den Sie auf die Schnelle vor dem Bildschirm vertilgt haben, muss eingetragen werden. Versuchen Sie, diszipliniert jeden Bissen aufzuzeichnen, und fügen Sie Ihren Notizen eventuelle Gründe, Gefühle, Situationen, Zeitpunkte und Orte der Nahrungsaufnahme hinzu. Je ausführlicher Sie Ihr Ernährungstagebuch führen, desto effektiver können Sie gegen Ihre Binge-Eating-Erkrankung angehen und Ihre Ernährung verändern.

Diese Informationen sollten unbedingt in Ihrem Ernährungstagebuch vorhanden sein

Die folgenden Punkte sollten Sie auf jeden Fall in Ihrem Ernährungstagebuch berücksichtigen, weil diese Informationen nicht nur für Sie wertvolle Anhaltspunkte liefern. Wenn Sie sich in professioneller Behandlung befinden, kann Ihr Arzt mit diesen Informationen arbeiten und sich ein Bild davon machen, wie schwer Ihre Binge-Eating-Erkrankung fortgeschritten ist. Zudem lassen sich neben den Verhaltensmustern auch Folgen und Symptome erkennen, die durch Ihre Ernährung entstanden sind.

Mahlzeiten

Notieren Sie, welche Mahlzeiten Sie über den Tag verteilt gegessen haben. Teilen Sie Ihre Nahrungsaufnahme in Kategorien ein, wie beispielsweise Frühstück, Mittagessen, Snacks oder Abendessen. Das erleichtert Ihnen die Analyse Ihrer Essgewohnheiten und zeigt auf, ob Sie regelmäßig essen, wichtige Mahlzeiten auslassen und dafür später übermäßig zu ungesunden Snacks greifen. Oft ist einem nicht bewusst, wie unregelmäßig die Mahlzeiten stattfinden, weil wieder etwas dazwischengekommen ist oder bewusst Mahlzeiten reduziert wurden, weil Sie eventuell eine Diät beginnen möchten. Dieser

Unregelmäßigkeit können Sie auf die Spur kommen, indem Sie akribisch jede noch so kleine Mahlzeit in Ihrem Ernährungstagebuch festhalten.

Uhrzeit
Zu welchen Zeiten haben Sie Ihre Mahlzeiten zu sich genommen? Es lohnt sich, detaillierte Zeitangaben zu notieren, weil Sie dann gewisse Muster über den Tag verteilt erkennen können. Sie finden heraus, zu welchen Zeiten Sie Ihren Heißhungeranfällen erliegen und wann Sie zwischendurch schnell mal einen Snack zu sich nehmen. Zeitangaben zeigen Ihnen außerdem sehr subtil auf, in welchen Abständen Sie Appetit oder Hunger verspüren.

Ort
Wo fand die Nahrungsaufnahme statt? Befanden Sie sich in einem Restaurant, zu Hause oder auf der Arbeit? Der Ort der Nahrungsaufnahme gibt Aufschlüsse über mögliche Auslöser und negative Gewohnheiten. Vielleicht neigen Sie dazu, an öffentlichen Orten wenig bis gar nichts zu essen und zuhause eher über die Strenge zu schlagen?

Art und Weise der Nahrungsaufnahme
Hier gehen Sie ins Detail und beschreiben, wie Sie Ihre Mahlzeiten zu sich genommen haben. Waren Sie unterwegs und konnten Ihr Mittagessen nur hastig als Snack herunterschlingen? Oder saßen Sie dabei gemütlich bei Freunden am Tisch und konnten wirklich jeden Bissen genießen? Vielleicht überkam Sie auf dem Weg nach Hause der altbekannte Heißhunger und Sie haben die Süßigkeiten noch im Auto vor dem Supermarkt verzehrt. Die Art und Weise, wie Sie Ihre Mahlzeiten zu sich nehmen, ist äußerst wichtig für Ihr späteres Vorgehen und gibt Hinweise darauf, wie bewusst Sie Ihre Ernährung gestalten. Beschreiben Sie möglichst viele Einzelheiten, sodass Sie es später bei der Auswertung Ihres Ernährungstagebuchs leichter haben, die Hintergründe nachzuvollziehen.

Zusammensetzung und Menge der Nahrungsmittel
Versuchen Sie, Ihre Nahrungsmittel ausführlich zu beschreiben. Es genügt nicht, wenn Sie notieren, dass Sie ein Brötchen mit Käse gefrühstückt haben. Diese Informationen sind zu oberflächlich und sagen zu wenig aus. Besser ist es, wenn Sie schreiben, dass Sie ein Vollkornbrötchen mit Emmentaler, Butter, einem Salatblatt und Tomate gegessen haben. Gehen Sie, wenn möglich, auch auf bestimmte Zutaten und Bestandteile ein, wie beispielsweise Zucker, Fett oder Zusatzstoffe. Auch die Kalorienangaben und Portionsgrößen sollten in Ihr Ernährungstagebuch eingetragen werden. Überlegen Sie bei jeder Mahlzeit, aus welchen Lebensmitteln diese zusammengesetzt sind, und notieren Sie akribisch alle einzelnen Bestandteile. Das hat den Vorteil, dass Sie sich umfassend und bewusster mit Ihrer Ernährung auseinandersetzen.

Getränke
Welche Getränke nehmen Sie über den Tag verteilt zu sich? Trinken Sie eher Wasser und Tee oder greifen Sie häufig zu kalorienreichen sowie zu koffeinhaltigen Getränken? Sie sollten darauf achten, nicht nur die Art Ihrer Getränke zu notieren, sondern auch Ihr gesamtes Trinkverhalten zu betrachten. Vernachlässigen Sie bei Ihren Aufzeichnungen keinesfalls die Menge Ihrer Flüssigkeitszufuhr. Diese gibt Aufschluss darüber, ob Ihr Körper ausreichend mit Flüssigkeit versorgt ist oder eben nicht. Vielleicht gehören Sie zu den Menschen, die viel zu wenig trinken und sich deshalb der eigentliche Durst als Heißhunger tarnt. Ein erwachsener Mensch sollte täglich 30 bis 40 ml pro Körpergewicht an Flüssigkeit zu sich nehmen. Ist Ihr Körper dehydriert, ist es schwieriger, sich zu beherrschen, und Sie greifen schneller zu ungesunden Snacks, weil Ihnen Ihr Verstand vorgaukelt, Appetit zu haben.

Beschwerden/Symptome
Wie reagiert Ihr Körper vor und nach den Mahlzeiten? Wie macht sich normaler Hunger bei Ihnen bemerkbar und welche Symptome zeigen sich vor einer Heißhungerattacke? Körperliche Symptome und eventuelle Beschwerden sollten Sie unbedingt notieren, wenn Sie diese an sich beobachten können. Übersättigungsgefühle oder Unterzuckerung geben Hinweise auf Ihr Wohlbefinden und den Stand Ihrer Gesundheit. Magen-Darm-Beschwerden beispielsweise können nach Essanfällen auftreten und sogar einen chronischen Verlauf zeigen. Mithilfe Ihrer Aufzeichnungen haben Sie eine gute Sicht auf Ihren körperlichen Zustand, vor, während und nach der Nahrungsaufnahme.

Gefühle/Gedanken
Wie fühlen Sie sich nach dem Essen? Welche Gedanken können Sie während des Essens bei sich beobachten? Es ist wichtig, dass Sie Ihren Gefühlen Aufmerksamkeit schenken und diese in Ihr Ernährungstagebuch einfließen lassen. Anhand Ihrer Gefühlswelt und Ihren Denkmustern werden Sie Zusammenhänge bezüglich emotionalem Essen besser verstehen können. Es mag für Sie anfangs ungewohnt sein, sich mit Ihren Gefühlen und Gedanken bewusst auseinanderzusetzen, denn vorher haben Sie alles wortwörtlich in sich hineingefressen. Nun geht es darum, dass Sie für Ihre Gedanken und Gefühle einen Raum erschaffen und sich aktiv mit deren Existenz befassen. Bei der späteren Auswertung wird Ihnen womöglich der eine oder andere Triggerpunkt auffallen, den Sie ohne Ihre Dokumentation nicht wahrgenommen hätten.

Situation

In welchen Situationen haben Sie Ihr Essen zu sich genommen? Bei welchen Ereignissen neigen Sie zu Heißhungerattacken? Betrachten Sie die jeweilige Situation, in der Sie sich womöglich nach etwas Süßem sehnen oder starken Appetit entwickeln. Haben Sie feste Essenszeiten oder essen Sie immer dann, wenn Sie sich in einer stressigen Situation befinden? Fragen Sie sich in der jeweiligen Situation, ob Sie nur essen, weil Sie gerade in einer schwierigen Situation stecken, oder ob Ihr Körper wirklich Hunger hat. Diese Information darf in Ihrem Ernährungstagebuch keinesfalls fehlen, denn an diesem Punkt machen sich ungesunde Verhaltensmuster bemerkbar.

Besondere Anmerkungen

Wenn es besondere Ereignisse oder Momente gibt, die in Ihrem Alltag nicht regelmäßig vorkommen, können Sie diese Punkte in diesem Bereich notieren. Abweichungen von der Normalität können Veränderungen in Ihrem Verhalten hervorrufen und die Binge-Eating-Erkrankung verstärken. Notieren Sie negative sowie positive Besonderheiten und Ihre Meinung hierzu. Möglicherweise können Sie auch eine bestimmte Reaktion bei Ihnen selbst beobachten. Halten Sie jedes Detail fest. So könnte eine Beispielseite für einen Tag in Ihrem Ernährungstagebuch aussehen:

Datum: 02.10.2023	**Morgens**	**Mittags**	**Abends**	**Zwischendurch**
Mahlzeit:	*Zum Frühstück ein Roggenbrötchen mit Salami und Butter*	*Zum Mittagessen Tortellini-Auflauf mit Schinken*	*Zum Abendessen Pizza Margherita*	*Gummibärchen Muffins Müsliriegel Schokolade*
Uhrzeit:	*6:30 Uhr*	*11:45 Uhr*	*19:30 Uhr*	*1) 12:00 Uhr 2) 13:20 Uhr 3) 16:45 Uhr 4) 21:00 Uhr*
Ort:	*zuhause*	*Auf der Arbeit*	*zuhause*	*1) Auf der Arbeit 2) Auf der Arbeit 3) Unterwegs im Bus 4) zuhause*

Art und Weise der Nahrungsaufnahme:	*Am Esstisch, allein*	*Mit Kollegen zusammen am Tisch sitzend, im Pausenraum*	*Auf dem Sofa sitzend, dabei einen Film schauen*	*1) In der Mittagspause bei der Arbeit 2) Am Computer bei der Arbeit 3) Im Bus, stehend 4) beim Fernsehen*
Inhaltsstoffe und Zusammensetzung:	*Roggenbrötchen 183 kcal, Salami 104 kcal, Butter 74 kcal*	*Tortellini mit Schinkenfüllung, Sahnesoße und Mozzarella-Reibekäse, 1130 kcal*	*Weizenmehl, passierte Tomaten, schnittfester Mozzarella, Salz, Backhefe, insgesamt 944 kcal*	*1) 138 kcal 2) 230 kcal 3) 193 kcal 4) 526 kcal*
Portionsgröße:	*Roggenbrötchen 70 g, zwei Scheiben Salami und 10 g Butter*	*Zwei Teller voll*	*Eine ganze Tiefkühlpizza*	*1) 50 g 2) zwei Muffins 3) 50 g 4) eine Tafel, 100 g*
Getränke:	*Ein Glas Milch Zwei Gläser Wasser*	*Eine 1-Liter-Flasche Wasser*	*Eine 1,5-Liter-Flasche Eistee*	*Ein Cappuccino, ein Glas Cola, ein Glas Apfelsaft*
Beschwerden und Symptome:	*Aufgeblähter Bauch*	*Übersättigt und schlapp*	*Nach dem Essen Völlegefühl*	*Langeweile*
Gefühle/ Gedanken:	*Traurig, müde*	*Warum habe ich so viel gegessen?*	*Schamgefühl nach dem Essen*	*1) Frust 3) Genervt, weil der Bus zu spät kam 4) gestresst und müde*

Situation:	*Frühstück*	*Mittages-sen*	*Abends zu-hause*	*1) Heißhun-ger 2) Ge-schenk von der Arbeits-kollegin 3) Im Bus 4) Frustes-sen nach dem stressi-gen Tuy*
Besonder-heiten:	*Keine*	*Keine*	*Gestresst und genervt von der Ar-beit*	*Keine*

Erkennen von Triggerfaktoren

Die Auslöser für ein gestörtes Essverhalten sind im Alltag überall zu finden. Hochglanzmagazine mit dürren Models, Diäten oder Modetrends, welche nur an schlanken Frauen gut aussehen, sind ein gutes Beispiel für typische Triggerfaktoren. Dabei können selbst banale Situationen, Gerüche, Gespräche, Medien und auch der Besuch im Supermarkt kritisch für Menschen mit Essstörungen sein. Kurzum: Alles kann einen Triggerpunkt darstellen und Rückfälle auslösen. Bevor Sie sich jedoch damit befassen, wie Sie Ihre persönlichen Triggerfaktoren identifizieren können, sollten wir uns noch etwas tiefer mit Reizen und deren Auswirkungen befassen.

Was genau sind Trigger und wie entstehen sie?

Wenn jemand eine belastende Situation erlebt, ist er bestimmten Reizen ausgesetzt, welche im Gehirn unterbewusst abgespeichert werden. Treten diese Reize zu einem späteren Zeitpunkt wieder auf, ohne mit der vorherigen Situation in Verbindung zu stehen, können sich diese Reize in sogenannte Trigger verwandeln und dem Gehirn eine Notfallsituation vorspielen. Das bedeutet, die betroffene Person fühlt sich wieder in die Vergangenheit zurückversetzt und erlebt die gleichen Gefühle, körperlichen Reaktionen und Emotionen wie damals. Dies geschieht so schnell, dass die Betroffenen meist gar nicht wissen, weshalb sie so reagieren. Der Körper zeigt dann die gleichen Reaktionen und Verhaltensweisen wie in der traumatischen Situation. Der Körper glaubt, eine bereits erlebte bedrohliche Situation wiederholt sich, und die abgespeicherten Reaktionen werden wieder abgerufen. Nicht selten kann es hier zu Kurzschlussreaktionen kommen und die Betroffenen werden aggressiv, ängstlich, ergreifen die Flucht oder geraten in eine Art Schockstarre. Der Körper wappnet sich für die drohende Gefahr und arbeitet auf Hochtouren. Der Herzschlag beschleunigt sich, die Atmung wird schneller und die Schweißdrüsen sondern vermehrt Schweiß ab, um den Körper zu kühlen. Für die Betroffenen ist dieser Zustand sehr belastend, weil sie in dieser Situation selbst keinen Einfluss auf ihre Körperfunktionen haben. Es fällt ihnen, schwer sich wieder zu beruhigen oder die Ursache für ihr Verhalten zu finden. Ihr Körper scheint völlig verrücktzuspielen und die Betroffenen fühlen sich machtlos sowie überrumpelt von den auslösenden Reizen. Schlimmstenfalls fühlen sich die Betroffenen wieder in ihr Trauma zurückversetzt und alle zuvor erlebten Gefühle und Emotionen kochen wieder hoch. Niemand kann allgemein voraussagen, welche Erfahrungen zu einem Trigger werden können, da diese sehr individuell entstehen. Sie sind abhängig von der persönlichen Resilienz und von Mensch zu Mensch unterschiedlich. Manche Menschen sind unempfindlicher und robuster, andere wiederum fühlen sich schon durch kleinste Reize überfordert.

Was ist Resilienz?
In Krisensituationen benötigt der Mensch eine besondere Fähigkeit, um seine Psyche zu stärken und Stress unbeschadet zu überstehen. Diese Fähigkeit wird Resilienz genannt. Die Resilienz ist verantwortlich dafür, wie ein Mensch mit stressbehafteten oder auch traumatischen Erfahrungen umgeht. Menschen mit hoher Resilienz lassen sich von Krisen nicht unterkriegen, sondern sehen diese als Chance an, zu wachsen. Sie gehen gestärkt aus diesen Situationen hervor und können daraus neue Kraft schöpfen. Menschen mit einer niedrigen Resilienz haben Schwierigkeiten, wieder in den Alltag zu finden, und fühlen sich in ihren traumatischen Erfahrungen gefangen. Sie neigen zu Überreaktionen und können ihre Emotionen schwer kontrollieren. Resilienz ist glücklicherweise trainierbar und kann durch bestimmte Selbsthilfetechniken verbessert werden. Dazu gehören Akzeptanz, Optimismus, Selbstwirksamkeit, Eigenverantwortung, soziale Netzwerkorientierung sowie Lösungsorientierung und Zukunftsorientierung.

Es gibt sensorische Reize, welche mit den Sinnen wahrgenommen werden und mit der traumatischen Situation in Verbindung stehen. Das können Gerüche, Farben, Berührungen, Geräusche, Bewegungen, Temperaturen, Stimmen oder auch Formen sein. Alles, was mit dem Trauma in Zusammenhang steht, kann sich zum Trigger entwickeln. Es kommt immer darauf an, welche Reize zu diesem Zeitpunkt präsent waren. So können auch alltägliche Dinge, wie eine Tasse Kaffee oder die Fahrt über eine bestimmte Straße, gewisse Reaktionsketten im Körper triggern, wenn diese Ereignisse in der belastenden

Situation vorgekommen sind. So sind emotionale Trigger besonders kritisch und können problematische Verhaltensweisen fördern.
Häufige emotionale Trigger können sein:

- Ablehnung von anderen Mitmenschen
- Streit und Konfrontationen
- Streitigkeiten am Arbeitsplatz
- Unterdrückung und Infragestellung der eigenen Persönlichkeit von anderen Personen
- Außenseiterrolle und Mobbing
- Extremsituationen in Verbindung mit Wut, Trauer oder Kontrollverlust

Wie Sie Ihre Triggerpunkte erkennen können

Da ein Trigger ohne Vorwarnung Ihr gesamtes Denken und Handeln beeinflussen kann, ist es eine große Herausforderung, ihn von Beginn an ausfindig zu machen. Wenn sich Symptome wie Angstschweiß oder Nervosität zeigen, ist es meist schon zu spät und das Gehirn schaltet in den Überlebensmodus. Es ist nicht möglich, ein Leben ohne Trigger zu führen, aber Sie können lernen, sie zu entkräften. Wenn Sie wissen, in welchen Situationen Sie zu unkontrollierten Reaktionen neigen, nehmen Sie dem Trigger seine Macht. Irrtümlicherweise versuchen viele Menschen, die erkannten Trigger zu meiden, doch dieses Vorgehen begünstigt nur eine Verstärkung des Reizes. Fühlen Sie sich mit Ihrer Binge-Eating-Erkrankung beispielsweise durch das Essen anderer Menschen getriggert, kann es durchaus sein, dass sich dieser Trigger noch einmal verstärkt, wenn Sie bewusst solchen Situationen aus dem Weg gehen. Geraten Sie nach einer längeren Abwesenheit wieder in diese Situation, wird Ihnen dieser Trigger zum Verhängnis. Möglicherweise verlieren Sie schneller die Kontrolle und Ihre Reaktion fällt extremer aus. Vermeidendes Verhalten ist deshalb nicht förderlich und behandelt das Ursprungsproblem nicht. Die Auseinandersetzung mit Ihren persönlichen Triggerpunkten ist notwendig, damit Sie Ihr seelisches Gleichgewicht wiederfinden können. Selbstfürsorge und die Akzeptanz gegenüber Ihren Schwachpunkten sollten hier an erster Stelle stehen.

Sie können Ihre Triggerpunkte erkennen, indem Sie zunächst auf Ihre körperlichen Anzeichen achten. An der Häufigkeit dieser Symptome können Sie festmachen, wann Ihnen ein bestimmtes Ereignis oder eine Situation zu schaffen macht.

Körperliche Anzeichen von Triggerpunkten:

- Schwindel
- Bauchschmerzen oder mulmiges Gefühl im Bauch
- Herzrasen oder starker Herzschlag
- Hitzewallungen
- Zittern
- starkes Schwitzen
- Panikattacken
- verspannte Körperhaltung und allgemein angespannte Muskeln

Möglicherweise können sich auch andere Symptome als Warnzeichen bei Ihnen bemerkbar machen. Vielleicht werden Ihre Bewegungen auch hektischer oder Sie können sich nicht mehr konzentrieren, sobald Sie mit Ihren Triggern in Kontakt kommen. Jeder Körper zeigt hier andere Verhaltensweisen.
Deshalb ist es wichtig, dass Sie lernen, Ihre eigenen körperlichen Reaktionen wahrzunehmen. Es ist nicht ganz einfach, sich selbst in unkontrollierten Momenten zu beobachten, aber Sie können dennoch lernen, etwas mehr Achtsamkeit in Ihr Leben zu bringen.

Vogelperspektive
Eine bewährte Methode ist die Vogelperspektive. Mit dieser Methode versuchen Sie, sich in angespannten Momenten von oben herab zu betrachten. Rufen Sie sich das Bild eines Vogels in den Sinn, der über Ihnen schwebt und die gesamte Szenerie überblickt. Fragen Sie sich, wie die Situation aus der Vogelperspektive aussehen würde, und benennen Sie im Geiste Ihre körperlichen Symptome und den möglichen Auslöser dazu. Das schafft eine gewisse Distanz zu Ihren Reaktionen und kann mitunter beruhigend wirken, weil Sie sich sachlich mit den Geschehnissen auseinandersetzen und sich nicht ausschließlich auf Ihre Emotionen fokussieren.

Achtsamkeitsübungen
Üben Sie sich regelmäßig in Achtsamkeitsübungen, werden Sie Trigger leichter erkennen können. Wenn Sie gelernt haben, Ihren Alltag zu entschleunigen und sich auf den gegenwärtigen Moment zu konzentrieren, fallen Ihnen Triggerfaktoren schneller auf. Demnach werden Sie entsprechende Maßnahmen finden und auch anwenden können. Hilfreiche Achtsamkeitsübungen sind zum Beispiel im Alltag nebenher möglich. Konzentrieren Sie sich beim Essen einzig und allein auf den Geschmack, die Konsistenz oder den Geruch eines Nahrungsmittels. Schon nehmen Sie diese anders wahr. Sie können diese Übung bei den trivialsten Dingen anwenden. Draußen im Park beobachten

Sie die Vögel und saugen alle Details wie ein Schwamm auf. Auf der Arbeit schließen Sie für einen Moment die Augen und lauschen den Geräuschen um Sie herum. Abends im Bett spüren Sie die wohlige Wärme Ihres Körpers unter der Bettdecke und nehmen bewusst den Duft Ihrer frisch gewaschenen Bettwäsche wahr. Achtsamkeit können Sie in allen Bereichen Ihres Lebens einbauen und das bewusste Wahrnehmen eines Moments verschafft Ihnen vielsagende Bewusstseinsinhalte. Wenn Sie sich diese Achtsamkeitsübungen zur Gewohnheit machen, werden Sie in stressigen Momenten Ihre persönlichen Trigger schneller entlarven.

Journaling

Gedanken und Erlebtes schriftlich festzuhalten, ist immer eine gute Option. So können Sie emotionale Momente erfassen und gleichzeitig analysieren. Sie bringen nicht nur Ordnung in Ihre Gedankenwelt, sondern können sogar noch etwas über sich selbst lernen. Notizen zu Ihren Triggermomenten helfen dabei, bestimmte Muster zu erkennen und Ihr Verhalten in belastenden Situationen zu reflektieren.

Nicht alles, was am Tag passiert, bleibt im Gedächtnis. Da ist es sinnvoll, den Tagesablauf und die Erlebnisse zu dokumentieren. Nutzen Sie für stichpunktartige Aufzeichnungen Ihr Smartphone oder ein kleines Notizbuch für unterwegs. Am Abend können Sie dann ausführlicher auf Ihre Notizen eingehen und Ihre Gedanken dazu niederschreiben. Ein netter Nebeneffekt des Journalings ist die entspannende Wirkung des Schreibens. Denn Schreiben wirkt befreiend und kann Ihnen die Last des Tages abnehmen, besonders, wenn Sie einen ereignisreichen Tag mit vielen Triggerfaktoren bewältigen mussten.

Gespräch mit einem professionellen Therapeuten

Wenn es Ihnen schwerfällt, Ihre Triggerfaktoren zu erkennen, empfiehlt es sich in jedem Fall, mit einem Therapeuten darüber zu sprechen. Er kann anhand Ihrer Ausführungen Rückschlüsse ziehen und Sie fachmännisch beraten. Generell sollten Sie sich bei einer Essstörung wie Binge Eating nicht ausschließlich auf Selbsthilfe beschränken. Gespräche und Therapien können Ihnen neue Wege und Erkenntnisse liefern, die Sie im Alleingang vielleicht übersehen würden. Zudem sind die Heilungschancen höher, wenn Sie professionelle Hilfe in Anspruch nehmen. Außerdem ist ein Arzt oder ein spezieller Therapeut darauf trainiert, Behandlungsmöglichkeiten und Therapieansätze zu erarbeiten, die Ihnen bei der Bewältigung Ihrer Erkrankung helfen werden. Bestenfalls arbeitet er mit Ihnen Hand in Hand und unterstützt Sie dabei, Ihre Trigger zu verstehen und individuelle Strategien zur Verbesserung Ihrer Lebensumstände sowie Ihres Gesundheitszustands herauszuarbeiten.

Mithilfe der folgenden Fragen kommen Sie Ihren persönlichen Triggern zusätzlich auf die Spur:

- In welchen Situationen zeigen Sie körperliche Symptome, die Sie nicht kontrollieren können?
- Welche Symptome können Sie bei sich beobachten, wenn Sie unkontrollierte Reaktionen zeigen?
- Welche Reaktionen beeinflussen Ihr Handeln und Denken maßgeblich?
- In welchen Momenten fühlen Sie sich in die Vergangenheit zu belastenden Momenten zurückversetzt?
- Welche Traumata liegen hinter Ihnen?
- Welche Erinnerungen treten regelmäßig in Erscheinung, wenn Ihnen potenzielle Trigger begegnen?
- Welche Gefühle verbinden Sie mit Ihren traumatischen oder belastenden Erfahrungen?
- Welche Ereignisse, Gespräche, Dinge und Erlebnisse können Sie im Alltag als Trigger identifizieren?

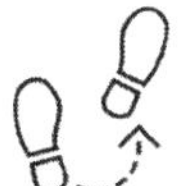

Schritt 2: Ernährungsumstellung und ausgewogene Mahlzeiten

Eine gesunde Ernährung ist wichtig für den Körper und sorgt dafür, dass dieser vital und fit bleibt. Nahezu jeder Mensch ist sich dessen bewusst, aber nicht jeder ist dazu in der Lage, auf eine ausgewogene und nährstoffreiche Ernährung zu achten. Menschen mit Essstörungen wie bei der Binge-Eating-Erkrankung wissen sehr wohl, dass ihre Ernährungsform alles andere als gesund für den Körper ist. Zudem würden sie sich gerne gesünder ernähren, sie werden allerdings von ihren Heißhungerattacken regelmäßig überrumpelt, sodass sie am Ende ihren Organismus mit Unmengen an ungesunden Lebensmitteln belasten. Eine Ernährungsumstellung ist hier nicht allein der Lösungsweg. Das Ziel bei der Binge-Eating-Erkrankung sollte es in erster Linie sein, wieder eine gesunde Beziehung zum Essen aufzubauen und das Auftreten von Heißhungerattacken durch eine ausgewogene Nährstoffzufuhr zu reduzieren. Im Fokus sollten ebenfalls die Normalisierung des Essverhaltens und die Gewichtsstabilisierung stehen. Betroffene sollten ihren tatsächlichen Energiebedarf kennenlernen und sich auf das allgemeine Wohlbefinden bei der Nahrungsaufnahme konzentrieren. Eine Diät oder ein strikter Essensplan bewirken bei dieser speziellen Essstörung eher das Gegenteil und fördern Essanfälle weiter. Im Allgemeinen sollte bei der Binge-Eating-Störung darauf geachtet werden, dem Körper wichtige Nahrungsbausteine zuzuführen, weil diese durch die einseitige Ernährung zu kurz kommen und es so zu Mangelerscheinungen kommen kann. Der Heißhunger hat dann leichtes Spiel und überkommt die Betroffenen, wenn der Körper seine fehlenden Nährstoffe einfordert.

Wie können Sie Ihre Ernährung gesünder und ausgewogener gestalten?

Gerade bei einer Essstörung ist das Verhältnis zu Nahrung eher schwierig. Nahrung wird in diesem Fall nicht als Energielieferant und gesundheitsfördernd angesehen. Vielmehr verteufeln Betroffene ihre Mahlzeiten und versuchen, diese radikal zu vermeiden, wenn sie einmal über die Stränge geschlagen haben. In anderen Fällen verschlingen sie ungesunde Nahrungsmittel aus emotionalen Gründen oder weil sie die Signale ihres Körpers ignorieren. Folglich verlieren sie die Kontrolle über ihre Essgewohnheiten und das Essen wird zum Trost oder zur Ersatzbefriedigung. Die Nahrungsaufnahme bleibt somit negativ behaftet und Betroffene wollen ihr Essverhalten bekämpfen, anstatt dieses durch gesunde Gewohnheiten zu ersetzen. Oftmals wissen Betroffene gar nicht, welche gesünderen Alternativen es gibt oder wie sie eine positive Beziehung zum Essen aufbauen können. Der Schlüssel liegt hier in der Aufklärung über die Möglichkeiten und die Vielfalt der Nahrungsmittel sowie deren Nutzen. Werden Nahrungsmittel nicht mehr als Feind betrachtet und bewusst für die körperliche Gesundheit ausgewählt, fällt es

Betroffenen mit einer Binge-Eating-Störung leichter, gegen Heißhunger und Kontrollverlust anzukämpfen. Nicht nur die Auswahl der Lebensmittel, sondern auch das Wissen über deren Zusammensetzung und das Planen regelmäßiger Mahlzeiten sind wichtige Faktoren für eine erfolgreiche Genesung.

Bevor Sie Ihre Ernährung jedoch umstellen können, müssen Sie Ihr Essverhalten genau kennen. Idealerweise haben Sie Ihre Essgewohnheiten bereits im vorherigen Schritt dokumentiert und können jetzt zur Analyse übergehen. Dabei sollten Sie Ihren Mahlzeiten möglichst kritisch gegenüberstehen und hinterfragen, welche negativen Gewohnheiten, Erfahrungen, Gefühle oder Trigger dahinterstecken könnten. Haben Sie alle Hintergründe geklärt, ist die Auseinandersetzung mit einer gesünderen Ernährungsweise ratsam. Damit sind allerdings keine Diäten oder Ernährungsformen mit Verzicht auf bestimmte Lebensmittel gemeint. Es geht darum, dass Sie lernen, ein ausgewogenes Verhältnis an Lebensmitteln in Ihren Speiseplan zu integrieren. Diese Lebensmittel sollten Ihren Körper mit allen wichtigen Nährstoffen versorgen und Ihr Wohlbefinden steigern. Auch kleine Sünden sind von Zeit zu Zeit erlaubt, sollten dennoch gut portioniert werden, damit es nicht wieder zu Ausschweifungen kommt.

Bedeutung einer ausgewogenen Ernährung

Eine ausgewogene Ernährung konzentriert sich darauf, dem Körper alle wichtigen Nährstoffe zuzuführen und seine Gesundheit zu erhalten. Wird der Körper durch Ernährungsdefizite oder einseitige Nahrungszufuhr belastet, kann das schwerwiegende Folgen für die Gesundheit haben. Besonders bei Essstörungen kann es im Körper zu kritischen Zuständen kommen, die schlimmstenfalls einen stationären Aufenthalt im Krankenhaus oder chronische Krankheiten herbeiführen können. Eine gesunde Nahrungsaufnahme sollte daher nicht unterschätzt werden, denn sie hält Körper und Geist zusammen.

Folgen und Auswirkungen ungesunder Ernährung

Es ist kein Geheimnis, dass eine einseitige Ernährung zu gesundheitlichen Problemen führen kann. Ernährt sich ein Mensch auf Dauer sehr ungesund, wird der Körper schlaffer und die allgemeine Fitness schwindet. Dies setzt dem Immunsystem zu, erhöht das Risiko, Krankheiten zu entwickeln, und vermindert die eigene Leistungsfähigkeit.

Übergewicht

Fügen Sie Ihrem Körper ein erhöhtes Maß an Kalorien zu, die der Körper nicht komplett verwerten kann, setzt sich die überschüssige Energie in Form von Fett dauerhaft im Körper ab. Es drohen eine Gewichtszunahme und das Risiko, dauerhaftes Übergewicht zu entwickeln, wenn sich an der Ernährungsweise nichts ändert. Übergewicht kann sich negativ auf den gesamten Körper auswirken und viele Krankheiten fördern.

Herzkrankheiten

Transfette oder auch ungesättigte Fettsäuren in übermäßiger Form schaden dem Herzen und belasten durch einen erhöhten Cholesterinspiegel die Blutgefäße. Zudem fördern sie Entzündungen im Körper, welche wiederum Herzkrankheiten auslösen können. Künstliche Transfette, wie sie in der industriellen Verarbeitung von Lebensmitteln vorkommen, sind deshalb möglichst zu vermeiden. Natürliche Transfette in Fleisch und Milchprodukten wiederum sind nicht gesundheitsschädlich, wenn auf einen gemäßigten Verzehr geachtet wird.

Diabetes

Übermäßiger Zuckerkonsum wirkt sich nachhaltig negativ auf den Blutzuckerspiegel aus. Werden dem Körper dauerhaft zu hohe Mengen an Kohlenhydraten und Zucker zugeführt, steigt der Blutzuckerspiegel rasant in die Höhe und kann Gefäße und Nerven schädigen. Hierbei können Krankheiten wie Diabetes entstehen, bei dem der Zuckerstoffwechsel gestört ist und mithilfe von Insulin wieder reguliert werden muss.

Erhöhtes Krebsrisiko

Stark industriell verarbeitete Lebensmittel stehen mit ihren fragwürdigen Inhaltsstoffen im Verdacht, krebserregend zu sein. Nehmen Sie dauerhaft zu viel Fast-Food oder Fertiggerichte zu sich, setzen Sie Ihren Körper einem hohen Risiko aus, früher oder später eine Krebserkrankung zu entwickeln.

Förderung von Krankheiten

Bekommt der Körper nicht die Nährstoffe, die er braucht, und beschränkt sich die Nahrungsaufnahme nur auf ungesunde Lebensmittel, werden die Funktionen des Körpers dauerhaft beeinträchtigt. Schädigungen an Organen, Nerven, Gefäßen und der Psyche können verheerende Ausmaße annehmen und den Weg für eine Vielzahl an Krankheiten ebnen.

Mangelernährung

Einseitige Ernährung kann zu Organschädigungen, schlimmstenfalls zu Organversagen führen. Eine Mangelernährung wirkt sich negativ auf das gesamte Herz-Kreislauf-System aus und fördert die Entstehung von Krankheiten und Entzündungen im Körper. Wer zu wenig Nährstoffe zu sich nimmt, riskiert neben körperlichen Schädigungen auch die Entstehung von psychischen Krankheiten. Es ist erwiesen, dass eine ungesunde Ernährung beispielsweise Depressionen fördern kann.

Das macht eine gesunde Ernährung aus – was Sie wissen sollten

Eine gesunde Ernährung heißt nicht automatisch, nur Obst und Gemüse zu verzehren. Es kommt auf die Verteilung und das Gleichgewicht der Lebensmittel an. Sie dürfen durchaus ein Stück Schokolade essen, wenn Sie die wichtigsten Nährstofflieferanten in Ihre Ernährung integrieren.

Grundlegend für eine gesunde Ernährung ist daher, ein Verständnis dafür zu entwickeln, und hier ist zunächst der Energiebedarf anzuführen.

Definition: Energiebedarf
Der Energiebedarf beschreibt die Menge an Energie, die Sie basierend auf Ihren körperlichen Grundlagen täglich benötigen. Gemessen wird der Energiebedarf in Kilokalorien (kcal). Die Energie, die Sie durch Ernährung zuführen, benötigt Ihr Körper, um lebenswichtige Funktionen, wie beispielsweise die Atmung, die Zellreparatur, die Bewegung und den Stoffwechsel, am Laufen zu halten.

Der Energiebedarf hängt dabei von verschiedenen Faktoren ab. Zu diesen gehören:

- der **Grundumsatz**, also die Menge an Energie, die Ihr Körper benötigt, um im Ruhezustand über ausreichend Energie zu verfügen und lebenswichtige Funktionen fortzusetzen,
- der **TEF**, der sogenannte Thermische Effekt der Nahrung, welcher die Energiemenge angibt, die Ihr Körper zur Verdauung sowie zur Verarbeitung von Nahrungsbestandteilen benötigt,
- Ihr **Aktivitätsniveau**, also die Energie, die Sie benötigen, um körperlicher Aktivität, wie beispielsweise Bewegung und Sport, nachzukommen, sowie
- die **Zusammensetzung des Körpers**, bei der Ihr Energiebedarf davon abhängt, wie hoch der Fettanteil Ihres Körpers, Ihre Muskelmasse und die Aktivität Ihres Stoffwechsels ist.

Von Mensch zu Mensch kann der Energiebedarf, wie die vorangegangenen Erläuterungen zeigen, daher also stark variieren. Auch das Gewicht, das Alter und das Geschlecht können Einfluss auf Ihren Bedarf an Energie haben.

Hinweis:
Wie Sie Ihren Energiebedarf in etwa ausrechnen können, erfahren Sie im Kapitel „Die Ernährungsumstellung mithilfe eines Ernährungsplans".

Es ist darüber hinaus wichtig, dass Sie täglich Ihren Energiebedarf **decken**, da Ihr Körper nur so gesund bleiben und wichtige Funktionen ausführen kann, die Ihr Überleben sichern.

Mit Blick auf die Zufuhr von Lebensmitteln sollten Sie daher die Nährwerte im Blick behalten. Denn: Jedes Lebensmittel setzt sich aus unterschiedlichen Nährstoffen zusammen, die im Körper verschiedene Funktionen übernehmen und in unterschiedlicher Gewichtung benötigt werden. Grundsätzlich benötigt der Körper sechs Nährwerte, die für eine gesunde und vollwertige Ernährung erforderlich sind. Hierzu zählen

- Kohlenhydrate,
- Eiweiß,
- Fett,
- Wasser,
- Mineralien und
- Vitamine.

Diese Bausteine versorgen den Körper mit allen wichtigen Bestandteilen und stellen sicher, dass die Körperfunktionen erhalten bleiben. Mangelt es an bestimmten Bausteinen, meldet sich der Körper in Form von körperlichen oder psychischen Symptomen. Er braucht die richtige Zusammensetzung an Lebensmitteln, um seinen Gesamtbedarf zu decken.

Beispiel:
Sie können sich Ihren Körper als Auto vorstellen, das, wenn es nicht genügend Benzin bekommt, irgendwann schlappmacht. Wird der falsche Treibstoff getankt, kann ein Motorschaden entstehen. So sieht es auch mit Ihrem Körper aus. Essen Sie die falschen Lebensmittel, wird Ihr Motor, in diesem Falle Ihr Herz, zu stark belastet. Essen Sie zu wenig, haben Sie keine Energie, um in Gang zu kommen. Ihr Motor läuft auf Sparflamme und Sie haben Probleme, das Tempo zu halten. Es drohen dauerhafte Schäden, welche die Funktionen Ihres Körpers beeinträchtigen können.

Für ein Verständnis dieser Nährstoffe lohnt sich ein vertiefender Blick:

Kohlenhydrate

Sie zählen zu den hauptsächlichen Energielieferanten innerhalb der Nahrungszufuhr. Sie sind wichtig für die Funktionsweise des Gehirns, aber auch für die Versorgung von Muskeln und der Stoffwechselprozesse. Die allermeisten Lebensmittel lassen sich nicht in Schubladen wie „gut“ oder „schlecht“ einordnen und sollten immer differenziert betrachtet werden, so verhält es sich auch mit Kohlenhydraten und Zuckern. Um die Lebensmittel, die wir täglich zu uns nehmen und aus denen wir unsere Energie schöpfen möchten, besser zu verstehen, sollten wir uns auch mit den chemischen Grundlagen dieser Nahrungsmittel beschäftigen. Kohlenhydrate sind aus Zuckermolekülen aufgebaut und lassen sich, abhängig von der Anzahl der Zuckermoleküle in ihrem Grundgerüst, kategorisieren.

Empfehlungen zufolge sollen etwa 50 bis 55 % unserer Kalorienmenge durch Kohlenhydrate zugeführt werden.

Hier gibt es allerdings Unterscheidungen: Kohlenhydrate werden in Einfach-, Zweifach- und Mehrfachzucker unterteilt.

Zu den **Einfachzuckern**, auch Monosaccharide genannt, zählt beispielsweise Zucker. Er ist schnell verdaut und liefert auch schnell Energie, weist aber keine komplexen Stoffe auf, die der Körper verwerten könnte. Das liegt daran, dass er aus einem einfachen Zuckermolekül besteht. Während Zucker eher zu den künstlichen Einfachzuckern gehört, liefern Früchte, Honig sowie Gemüsesorten (hier vor allem Karotten, Rote Beete, Erbsen und Mais) natürliche Einfachzucker.

Zweifachzucker, auch Disaccharide genannt, bestehen immer aus zwei miteinander verbundenen Zuckermolekülen. Als Beispiele können hier Tafelzucker, Laktose (Milchzucker) sowie Maltose (Malzzucker) angeführt werden.

Bevor Ihr Körper Zweifachzucker verarbeiten und verdauen kann, muss er sie zunächst in Monosaccharide aufspalten. Aus diesem Grund liefern Zweifachzucker Ihrem Körper länger Energie.

Mehrfachzucker werden auch als Polysaccharide bezeichnet. Sie setzen sich aus mehreren miteinander verbundenen Zuckermolekülen zusammen und liefern dem Körper langfristig Energie. Sie finden sich vor allem in Vollkornprodukten, wie beispielsweise Haferflocken, Quinoa, brauner Reis, Hülsenfrüchten wie Bohnen, Kichererbsen oder Linsen, Gemüse wie Kartoffeln, Süßkartoffeln, Kürbis, Mais und Erbsen, aber auch in tierischen Produkten wie beispielsweise Fleisch. Zucker ist also nicht gleich Zucker. In den Inhaltsstoffen von Lebensmitteln finden sich unzählige Namen für ungesunde Zucker, da ist es manchmal schwer, zu durchschauen, wo nun Zucker enthalten ist und wo nicht. Eine komplett zuckerfreie Ernährung ist sicherlich möglich, empfehlenswert ist sie aber nicht. Unser Körper braucht Zucker und Kohlenhydrate, um zu arbeiten und zu funktionieren. Unser Gehirn benötigt sogar ganze 140 Gramm Zucker pro Tag.

Eiweiß (Proteine)

Eiweiße liefern Ihrem Körper den Baustoff, den Ihre Zellen, Muskeln und Organe sowie Knochen benötigen, um gesund zu sein.

> Für den täglichen Bedarf werden hier 25 bis 30 % der täglichen Kalorienmenge empfohlen.

Unterschieden wird zwischen pflanzlichen und tierischen Eiweißen. Tierisches Eiweiß findet sich beispielsweise in Fisch, Fleischwaren, Milch, Milchprodukten und Eiern. Seine Zusammensetzung ähnelt der Zusammensetzung des Eiweißes des Körpers. In ihm sind die wichtigsten Aminosäuren enthalten, weshalb der Körper dieses Eiweiß besonders gut verarbeiten kann. Es gibt 21 proteinogene Aminosäuren, also Aminosäuren, die dem Körper dazu dienen, Proteine aus ihnen herzustellen. Aminosäuren können verschiedene Eigenschaften haben. Sie bestehen nämlich immer aus einem festen Grundgerüst, unterscheiden sich jedoch untereinander nur in einem einzigen „Anhängsel". Je nachdem, welche chemischen Eigenschaften dieses Anhängsel hat, kann auch die Aminosäure sauer oder basisch und wasserlöslich oder wasserunlöslich reagieren. Mehrere Aminosäuren verknüpfen sich unter der Abgabe von etwas Wasser zu einem Protein. Die Aufgaben von Proteinen im Körper sind vielfältig. Sie dienen dem Zellwachstum, beschleunigen körpereigene Prozesse und Reaktionen, speichern Sauerstoff und vieles mehr. Ein wichtiger Begriff bei Proteinen ist die biologische Wertigkeit. Wie bereits erwähnt, bestehen Proteine aus mehreren Aminosäuren, die sich verknüpfen. Je mehr die Zusammensetzung aus Aminosäuren eines Proteins dem Bedarf an Aminosäuren des Körpers ähnelt, desto höher ist die biologische Wertigkeit dieses Proteins. Somit beschreibt die biologische Wertigkeit, wie gut sich ein aufgenommenes Protein in ein körpereigenes Protein umwandeln lässt. Proteine bestehen teilweise aus Stickstoff und sind für den Menschen die wichtigste Stickstoffquelle.

> **Hinweis:**
> Tierische Eiweiße besitzen nicht nur Vorteile. Es sollte beachtet werden, dass es Unterschiede in den Fleischarten gibt. Besonders fettreiche Fleischarten sollten daher eher gemieden werden, ebenso wie zu viel Cholesterin, Kochsalz und Fette im Allgemeinen, die häufig in Fleisch enthalten sind.

> **Tipp:**
> Sollten Sie Fleisch nicht mögen, können Sie Ihren Eiweißbedarf auch mit Eiern und Milchprodukten decken, ohne dabei einen Eiweißmangel zu erleiden.

Pflanzliches Eiweiß finden Sie in Lebensmitteln wie Brot, Getreide, Gemüse, Kartoffeln, Hülsenfrüchten und Nüssen. In der Regel kann der Körper diese Eiweiße nicht ganz so gut verwerten. Dennoch weisen pflanzliche Eiweiße den Vorteil auf, dass Sie in der Regel nur wenig gesättigte (ungesunde) Fettsäuren enthalten und auch einen niedrigen Cholesteringehalt haben. Im Alltag sollten Sie daher nicht nur auf das eine oder andere zurückgreifen, sondern auf eine gesunde Mischung von beidem achten.

Hinweis:
Besondere Situationen, wie beispielsweise eine Schwangerschaft, Extremsport oder das Wachstum bei Kindern, erfordern einen erhöhten Bedarf an Eiweißen.

Fett

Genau wie Eiweiße und Kohlenhydrate gehören auch Fette zu wichtigen Bestandteilen Ihrer Ernährung. In Ihrem Alltag sind sie wichtig, um fettlösliche Vitamine zu transportieren.

Der empfohlene Tagesbedarf liegt bei 25 bis 30 % der täglich zugeführten Kalorienmenge.

Sie werden unterschieden zwischen gesättigten und ungesättigten Fettsäuren. Allgemein gelten die gesättigten Fette eher als die „schlechten Fette". Das liegt vor allem daran, dass ein übermäßiger Konsum dieser Fette zu einem erhöhten Cholesterinspiegel führen kann. Hiermit gehen Folgeerkrankungen einher. Im Körper erfüllen gesättigte Fette dennoch eine wichtige Rolle. Sie dienen als Botenstoffe für das menschliche Nervensystem. Gesättigte Fettsäuren sollten Sie daher auch, aber in Maßen, konsumieren. Im Alltag eignen sich hierzu beispielsweise kleine Mengen an Milchprodukten wie Butter, Käse, Kokosnussöl oder Kokosnussmilch.

Ungesättigte Fettsäuren gelten gemeinhin als „gute Fette". In der Praxis werden diese weiter unterschieden in einfach und mehrfach gesättigte Fettsäuren. Einfach ungesättigte Fettsäuren finden sich vor allem in Lebensmitteln wie Nüssen, Avocados oder aber pflanzlichen Ölen. Sie sind wichtig für die Aufnahme von Vitaminen und unterstützen diese. Zudem können sie auf den Cholesterinspiegel eine senkende Wirkung haben.

Mehrfach gesättigte Fettsäuren finden sich im Alltag in pflanzlichen Ölen, Fisch sowie Samen. Im Körper sind ungesättigte Fettsäuren wichtig für ein gesundes Zellwachstum sowie einen gesunden Blutdruck.

Omega-3- und Omega-6-Fettsäuren senken erwiesenermaßen das Risiko für Erkrankungen des Herz-Kreislauf-Systems, wie Herzinfarkte und die koronare Herzkrankheit. Sie sind essenziell, was bedeutet, dass unser Körper sie nicht selbst herstellen kann und wir sie deswegen mit der Nahrung aufnehmen müssen. Idealerweise sollten Omega-6 und Omega-3 im Verhältnis 5 zu 1 zu sich genommen werden, die meisten Menschen nehmen jedoch deutlich mehr Omega-6 zu sich. Daher ist es sinnvoll, vermehrt auf die Aufnahme von Omega-3 zu achten. Besonders reich an Omega-3 sind Leinöl und Leinsamen, Walnüsse und fettige Fische, zum Beispiel Lachs und Hering. Gesünder ist es aber, sein Omega-3 aus pflanzlichen Quellen zu beziehen, da diese mehr ungesättigte Fettsäuren enthalten und die tierischen in der Regel mehr gesättigte Fettsäuren.

Wasser

Dass unser Körper Wasser benötigt, zeigt sich schon in der Tatsache, dass mehr als die Hälfte des menschlichen Körpers aus Wasser besteht. Für den Menschen ist es damit ein unverzichtbarer Bestandteil des Lebens. Zu den wichtigsten Aufgaben von Wasser gehört dabei die Tatsache, dass Wasser einer der wichtigsten Bestandteile von sämtlichen Zellen des Körpers und auch von seinen Flüssigkeiten ist. Es ist an Stoffwechselabläufen und Transportvorgängen beteiligt und kühlt den Körper bei ansteigenden Temperaturen und Schwitzen. Weist der Körper also zu wenig Wasser auf, kann dies das Blut und dessen Fließgeschwindigkeit negativ beeinflussen. Die Folgen sind eine schlechtere Ausscheidung von Abfallprodukten sowie eine schlechtere Versorgung von Muskeln und Gehirn. Im schlimmsten Fall können sich hieraus ein Nieren- und ein Kreislaufversagen ergeben. Damit dies nicht geschieht, sollten Sie im Alltag auf eine ausreichende Wasserzufuhr achten. Empfohlen werden hier für einen Erwachsenen pro Tag mindestens 1,5 bis 3 Liter, bei sportlicher Betätigung oder wenn Sie viel Wasser, beispielsweise durch Schwitzen, verlieren, natürlich mehr. Das Wasser sollte dabei ungezuckert sein. Auch ungesüßter Tee kann hier genutzt werden.

Mineralien

Für eine gesunde und ausgewogene Ernährung sind Mineralstoffe und Spurenelemente ein unverzichtbarer Bestandteil. Der Körper kann diese Stoffe nicht selbstständig produzieren, weshalb Sie im Rahmen Ihrer Ernährung darauf achten sollten, ausreichend Mineralstoffe zuzuführen. Im Körper übernehmen Mineralstoffe die Aufgabe, Knochen aufzubauen, für ein hormonelles Gleichgewicht zu sorgen sowie Blutzellen und Zähne zu versorgen. Darüber hinaus dienen sie als Botenstoffe und sorgen für die Aktivität der Enzyme.

Die wichtigsten Mineralstoffe sind:

- Calcium
- Kalium
- Magnesium
- Chlor
- Phosphor
- Schwefel
- Natrium

Zu den wichtigsten Spurenelementen gehören:

- Jod
- Zink
- Fluor
- Chrom
- Kupfer
- Mangan
- Eisen
- Selen
- Silicium
- Cobalt

Hinweis:
Die angeführten Spurenelemente gelten als gesichert. Weitere Spurenelemente stehen bis heute in der Diskussion, da nicht klar ist, inwieweit sie lebenswichtig sind.

Für eine möglichst mineralstoffreiche Ernährung sollten Sie darauf achten, dass Ihre Ernährung aus einem Mix an unbearbeiteten pflanzlichen und tierischen Lebensmitteln besteht. Die nachfolgende Übersicht zeigt Ihnen hierzu, in welchen beispielhaften Lebensmitteln sich Mineralstoffe finden:

Mineralstoff	**Vorkommen**
Calcium	• Emmentaler Käse • Rucola • Haselnüsse
Eisen	• Kürbiskerne • Linsen • Rinderfilet
Jod	• Nori-Algen • Eier • Kabeljau
Kalium	• Mandeln • Trockenpflaumen • Spinat
Magnesium	• Leinsamen • Cashewnüsse • Haferflocken
Zink	• Sesamsamen • Kürbiskerne • Edamer
Phosphor	• Gouda • Mozzarella • Edamer

Vitamine

Auch Vitamine sollten von Ihnen in eine ausgewogene Ernährung eingebunden werden. Sie sind lebensnotwendig und unterstützen die Abläufe innerhalb des Körpers. Das betrifft neben dem Muskelaufbau auch die Kooperation von Bändern, Muskeln und Sehnen. Darüber hinaus unterstützen Vitamine ein gesundes Nervensystem sowie den Energiehaushalt.

Da Ihr Körper die allermeisten Vitamine nicht selbst herstellen kann, ist deren Verzehr essenziell. Grundsätzlich empfiehlt die Deutsche Gesellschaft für Ernährung (DGE) für eine ausreichende Versorgung mit Vitaminen fünf Portionen Obst und Gemüse pro Tag. Zu den wichtigsten Vitaminen gehören dabei Vitamin A, Vitamin B6, Vitamin B12, Vitamin C, Vitamin D, Vitamin E sowie Vitamin K. Die folgende Tabelle zeigt, wie der Bedarf dieser Vitamine täglich gedeckt werden kann:

Vitamin	**Verzehr folgender Lebensmittel deckt den Vitaminbedarf**
Vitamin A	• 140 g Grünkohl • 140 g Spinat • eine Möhre • eine Banane Findet sich außerdem in: • Leber • Butter • Eiern • Karotten • Kürbis • Kohl
Vitamin B6	• 40 g Walnüsse • 150 g Lachs • 125 g Hähnchenbrust • eine Scheibe Emmentaler Findet sich außerdem in: • Vollkorngetreide • roter Paprika • Haselnüssen • Sardinen • Makrelen • Fruchtsäften • Trockenfrüchten
Vitamin B12	• eine Orange Findet sich außerdem in: • Milch und Milchprodukten • Fisch • Meeresfrüchten • Eiern • Geflügel
Vitamin C	• eine Kiwj • 150 g Hering • 200 g Erdbeeren Findet sich außerdem in: • Paprika • Sanddornbeerensaft • Schwarzen Johannisbeeren

	• Zitrusfrüchten • Petersilie • Kartoffeln • Spinat • Kohl • Tomaten
Vitamin D	• 160 g Lachs • 10 Haselnüsse Findet sich außerdem in: • Hering • Makrele • Leber • Eigelb • Speisepilzen
Vitamin E	• eine Portion Spinat • eine Scheibe Weizenvollkornbrot • 140 g Grünkohl Findet sich außerdem in: • Weizenkeimöl • Olivenöl • Erdnüssen • Beeren • Haselnüssen • Mandeln
Vitamin K	• 1 Portion Blumenkohl • 1 Portion Spinat Findet sich außerdem in: • Brokkoli • Milch und Milchprodukten • magerem Fleisch • Getreide • Eiern

Mit einer Varietät an verschiedenen gesunden Lebensmitteln können Sie Ihren Körper genügend Energie zuführen, damit dieser dauerhaft gesund und vital bleibt. Eine abwechslungsreiche Ernährung gibt Ihnen Energie und stärkt zudem Ihr Immunsystem. Ihr Körper wird besser mit Krankheiten umgehen können und schneller genesen, wenn er ausreichend versorgt und gestärkt ist. Auch schützen Sie sich vor ernährungsbedingten Krankheiten, welche nur auf mangelnde und unzureichende Nährstoffversorgung zurückzuführen sind. Mit der richtigen Ernährung können Sie viel ausrichten und Ihren Körper vor vielen Krankheitsrisiken schützen.

Durch die Binge-Eating-Störung haben Sie jedoch das Gefühl für eine gesunde Ernährung verloren und müssen wieder lernen, welche Lebensmittel Ihrer Gesundheit guttun und welche zudem die gefürchteten Heißhungeranfälle reduzieren. Dazu werfen wir einen Blick auf die wichtigsten Bausteine einer gesunden Ernährung. Für eine ausgewogene Ernährung sind daher noch einmal explizit aufgeführt folgende Grundelemente wichtig:

Die tägliche Menge an Obst und Gemüse

Pflanzliche Lebensmittel wie Obst und Gemüse enthalten wichtige Nährstoffe wie Mineralstoffe, Vitamine, Ballaststoffe und sekundäre Pflanzenstoffe, die nachweislich Krankheiten reduzieren können. Grundsätzlich sollten über den Tag verteilt fünf Portionen Obst und Gemüse auf dem Ernährungsplan stehen. Diese Empfehlung gilt für Kinder und Erwachsene.

Der Konsum von gesunden Fetten

Fette sind notwendig für die Zellen, Energielieferanten und Träger für fettlösliche Vitamine. Dabei wird unterschieden zwischen gesunden und ungesunden Fetten. Gesunde Fette sind ungesättigte Fettsäuren, wie sie in Walnüssen, Olivenöl, Leinsamen, Avocado oder Lachs enthalten sind. Ungesunde Fette sind gesättigte Fettsäuren, die hauptsächlich in tierischen Produkten und Fertigprodukten vorkommen.

Der Verzehr von Vollkornprodukten

Gegenüber Weißmehlprodukten haben Vollkornprodukte mehr sekundäre Pflanzenstoffe sowie Ballaststoffe, welche sich positiv auf den gesamten Körper auswirken. Zudem enthalten sie Mineralstoffe wie Eisen, Zink oder Magnesium und liefern die Vitamine B1, B2 sowie Folsäure. Vollkornprodukte machen länger satt und halten den Blutzuckerspiegel konstant.

Verzehr von Hülsenfrüchten

Hülsenfrüchte wie Linsen, Kichererbsen oder Bohnen sind sehr sättigend und enthalten viele Nährstoffe. Neben B-Vitaminen, Folsäure und Ballaststoffen steckt in Hülsenfrüchten eine enorme Menge an Eiweiß (Proteine). Außerdem enthalten Sie kaum Fett, dafür aber Magnesium, Eisen und Kalium.

Genuss von Proteinen

Proteine sind ein Grundbaustoff des Körpers und daher lebensnotwendig. Es wird unterschieden zwischen tierischen und pflanzlichen Eiweißen. Tierisches Eiweiß findet sich in Eiern, Fisch, Milchprodukten und Fleisch. Pflanzliches Eiweiß steckt in Nüssen, Hülsenfrüchten, Samen, Pilzen und Getreide. Eiweiß ist verantwortlich für den Aufbau und Erhalt der Muskeln, die Bekämpfung von Krankheitserregern, die Bildung von bestimmten Hormonen sowie die Aufnahme von Eisen, Fetten und Sauerstoff. Zusätzlich unterstützt Eiweiß die Zellregenerierung und das Immunsystem.

Die Zufuhr von Vitaminen

Der Körper benötigt Vitamine, damit das Immunsystem einwandfrei funktionieren kann. Diese Vitamine kann der Körper jedoch nicht selbst herstellen und muss sie über die Nahrung aufnehmen. Eine Ausnahme ist das Vitamin D, welches vom Körper produziert wird, wenn er ultraviolettem Licht, also Sonnenstrahlen, ausgesetzt ist. Vitamine unterstützen die Knochenbildung, den Zellaufbau sowie den Stoffwechsel. Es gibt insgesamt dreizehn Vitamine, welche unterteilt werden in wasser- und fettlöslich. Zu den wasserlöslichen Vitaminen zählen die B-Vitamine und Vitamin C. Die fettlöslichen Vitamine beinhalten die Vitamine A, D, E und K.

Mineralien als Bausteine des Körpers

Auch Mineralstoffe sind für den Körper unverzichtbar. Sie sorgen dafür, dass der Knochen- und Muskelaufbau gelingt, regulieren den Elektrolyt- und Wasserhaushalt sowie die Zellteilung. Zudem sind sie für die Blutgerinnung und viele weitere Prozesse im Körper verantwortlich. Mineralien werden in Mengenelemente und Mikroelemente (Spurenelemente) unterteilt. Mengenelemente sind in verschiedenen Lebensmitteln mit über 50 mg pro Kilogramm und Spurenelemente mit unter 50 mg pro Kilogramm enthalten.

Wasser als Lebenselixier

Der Körper besteht zu 50 bis 65 Prozent aus Wasser. Daher ist es lebensnotwendig, auf eine ausreichende Wasserzufuhr zu achten. Ohne Wasser kann der Mensch keine vier Tage überleben und seine Körperfunktionen würden versagen. Jeden Tag verliert der Mensch ungefähr zwei bis drei Liter an Körperflüssigkeit, die wieder ausgeglichen werden muss.

Aufgabe:
Analysieren Sie Ihre Nährstoffzufuhr, indem Sie einen Monat lang notieren, welche Inhaltsstoffe Ihre Mahlzeiten enthalten. So können Sie eventuelle Defizite feststellen. Lassen Sie sich auch von einem Arzt untersuchen, damit geklärt werden kann, ob Sie bereits an einem Nährstoffmangel leiden. Häufige Mängel bestehen hinsichtlich Folsäure, Vitamin D, Eisen, Jod und Vitamin B12. Aber auch Magnesium, Zink und Calcium kommen häufiger vor.

Andersherum können Sie sich selbst eine Referenztabelle auf der Webseite der Deutschen Gesellschaft für Ernährung erstellen lassen und sehen, was Ihre Referenzmengen sind:

https://www.dge.de/wissenschaft/referenzwerte-tool/

Sprechen Sie unbedingt mit Ihrem Arzt, wenn Sie Symptome beobachten, die möglicherweise auf Ihre Ernährung zurückzuführen sind. Das können beispielsweise Abgeschlagenheit, Müdigkeit, Muskelkrämpfe, poröse Nägel, spröde Haare und Haarausfall sowie Hautirritationen oder Schmerzen im Körper sein.

Aufbau eines gesunden Essensplans

Durch die Binge-Eating-Erkrankung ist Ihr Körper an regelmäßige Essanfälle gewöhnt und es liegt nun an Ihnen, sich von alten Mustern zu lösen und endlich wieder gesund essen zu können – und das wird möglich durch eine gute Vorbereitung und Planung. Eine professionelle Ernährungsberatung kann Ihnen zusätzlich dabei helfen, sich gesund zu ernähren. Doch auch allein kann es Ihnen gelingen, den ersten Schritt zu wagen und Ihre Ernährungsgewohnheiten zu entlarven.

Goldene Regeln für eine gesunde Ernährung

- **Abwechslung**

Indem Sie für gesunde Abwechslung auf Ihrem Teller sorgen, stellen Sie sicher, dass Sie mit allen wichtigen Nährstoffen versorgt werden. Kein Lebensmittel besitzt demnach alle benötigten Nährstoffe. Eine vielfältige Auswahl an gesunden Lebensmitteln fördert Ihre Gesundheit und schützt zudem vor Heißhungerattacken. Überwiegend sollten Sie zu pflanzlichen Lebensmitteln greifen. Hin und wieder dürfen auch tierische Produkte auf Ihrem Speiseplan stehen. Wenn Sie Ihre Ernährung bunt und abwechslungsreich gestalten, sodass aus allen Lebensmittelgruppen etwas dabei ist, beugen Sie einer einseitigen Ernährung vor.

Exkurs: Lebensmittelgruppen
Lebensmittel liefern die Nährstoffe, die der Körper zum Überleben braucht. Diese Lebensmittel sind in sieben Gruppen aufgeteilt und werden einem Hauptnährstoff zugeteilt. Der Körper sollte möglichst mit einer Auswahl aus allen sieben Lebensmittelgruppen versorgt werden, wobei die Gruppe „Extras" eher seltener verzehrt werden sollte.

Gruppe	**Hauptnährstoffe**
Fleisch, Fisch, Eier, Tofu	Eiweiß, Mineralien, Fette, Vitamine
Milch, Milchprodukte, Käse	Mineralstoffe, Eiweiß, Fette, Vitamine
Getreide, Kartoffeln, Hülsenfrüchte	Komplexe Kohlenhydrate, Eiweiß, Vitamine, Mineralstoffe, Ballaststoffe
Fette, ölhaltige und fettreiche Lebensmittel	Fette, Vitamine
Obst und Gemüse	Vitamine, Mineralstoffe, Ballaststoffe
Getränke	Wasser, Mineralstoffe
Extras wie Süßigkeiten	Einfache Kohlenhydrate, Fette

Sie sollten darauf achten, dass Sie bei Ihrer Ernährung auf eine vollwertige und ausgewogene Mischung an Lebensmitteln zurückgreifen. Diese Lebensmittel sollten Ihren Nährstoffbedarf optimal abdecken. Eine einseitige Auswahl kann auf Dauer zu Nährstoffmangel führen und gesundheitliche Probleme verursachen.

- **Schonende Zubereitung**

Für eine optimale Nährstoffzufuhr sollten Sie Ihre Lebensmittel nicht länger garen als nötig. Vitamine werden durch hohe Temperaturen und eine zu lange Garzeit zerstört. Je schonender Sie Ihre Mahlzeiten zubereiten, desto weniger Nährstoffe gehen verloren. Verbrannte Stellen an Lebensmitteln können außerdem krebserregende Stoffe freisetzen und sollten unbedingt vermieden werden. Nährstoffschonende Zubereitungsmethoden sind beispielsweise Dünsten und Dampfgaren. Hierbei gehen wenig Nährstoffe verloren und der natürliche Geschmack bleibt erhalten.

- **Achtsames Essen**
Wer langsam und achtsam isst, konzentriert sich mehr auf den Geschmack der Lebensmittel, die Konsistenz und auf sein Sättigungsgefühl. Bewusstes Kauen fördert den Genuss und gibt dem Körper Zeit, das Essen zu verarbeiten. Es dauert ungefähr 15 bis 20 Minuten, bis der Körper signalisiert, dass er satt ist. Wenn Sie Ihr Essen herunterschlingen, hat Ihr Körper keine Chance, sich rechtzeitig bemerkbar zu machen. Die Folge ist ein unangenehmes Völlegefühl oder sogar Übelkeit. Außerdem ist achtsames Essen wichtig für Ihre Verdauung. Werden die Mahlzeiten nicht richtig gekaut bzw. zerkleinert, haben Magen und Darm Schwierigkeiten, Nährstoffe aufzunehmen und zu verarbeiten.

Die Ernährungsumstellung mithilfe eines Ernährungsplans

Um dem Körper die Chance auf Heilung zu geben, muss er sich vom Binge Eating befreien. Das ist möglich mit einem strukturierten Essensplan, mit dessen Hilfe der Körper wieder lernt, regelmäßige Mahlzeiten zu verarbeiten. Feste Routinen helfen dabei, den gefürchteten Heißhunger zu bekämpfen, und stabilisieren gleichzeitig das gesamte Essverhalten. Der Fokus sollte grundsätzlich nicht auf Verboten oder Einschränkungen liegen. Vielmehr geht es darum, dem Körper alle notwendigen Nährstoffe zu liefern, sodass kein Heißhunger entstehen kann und gleichzeitig der Stoffwechsel angeregt wird. Eine gesunde und ausgewogene Ernährungsweise beugt Essattacken vor, weil der Körper gesättigt ist und sich außerdem ein gesünderes Körpergefühl einstellt. Um eine gesunde Beziehung zum Essen aufzubauen, müssen Sie wieder lernen, Ihr Sättigungsgefühl zu spüren sowie die Portionsgrößen richtig anzupassen.

Ob ein Ernährungsplan für Sie geeignet ist, sollten Sie trotz allem mit Ihrem Arzt besprechen. Denn ein festgelegter Ernährungsplan ohne ärztliche Rücksprache birgt immer das Risiko, in eine Art Diät zu verfallen. Das könnte die Binge-Eating-Störung verstärken. Möglicherweise fühlen Sie sich auch durch einen Ernährungsplan gestresst und unter Druck gesetzt. Vielleicht haben Sie auch Schwierigkeiten, festgelegte Portionsgrößen oder Essenszeiten einzuhalten. Das sind alles Faktoren, die Sie bei der Umsetzung des Ernährungsplans berücksichtigen müssen. Idealerweise lassen Sie sich von einer professionellen Ernährungsberatung begleiten, damit Sie Ihrem Ziel, die Binge-Eating-Störung zu überwinden, näherkommen.

Ein Ernährungsplan für Essstörungen ist in der Regel so aufgebaut, dass er drei Hauptmahlzeiten und zwei oder drei kleinere Snacks für zwischendurch enthält. Die Mahlzeiten liegen dabei höchstens vier Stunden auseinander. So bleibt der Blutzucker stabil und Heißhungerattacken werden vermieden. Das gibt Ihnen die Kontrolle über Ihr Essverhalten zurück und Sie können das Essen wieder genießen.

Im Folgenden sehen Sie einen beispielhaften Ernährungsplan für einen erwachsenen Menschen mit einem Kalorienbedarf von ungefähr 1800 Kalorien. Der Kalorienbedarf ist jedoch abhängig vom Körpergewicht und vom Aktivitätsgrad einer Person. Männer benötigen mehr Kalorien als Frauen.

Beispiel für einen Ernährungsplan:

Morgens	Vier Scheiben Vollkornbrot mit Hüttenkäse, Lauchzwiebel, Karotte und Petersilie	ca. 435-500 kcal
Getränke	2 Gläser Wasser 1 Glas Möhrensaft	0 kcal 100 kcal
Zwischenmahlzeit	1 Banane 1 Haferkeks, 20 g	105 kcal 98 kcal
Getränke	1 Tasse Pfefferminztee	0 kcal
Mittags	Eine Portion Vollkornnudeln mit Kürbissoße und Walnüssen	ca. 640 kcal
Getränke	1 Glas Apfelschorle	ca. 50 kcal
Zwischenmahlzeit	Eine Portion Obstsalat mit Apfel, Kiwi, Trauben und Grapefruit	ca. 70 kcal
Getränke	1 Glas Wasser	0 kcal
Abends	1 Portion Quarkcreme mit Beeren	500 kcal
Getränke	2 Gläser Wasser	O kcal
		Kalorien gesamt 1958-2063 kcal

Exkurs: Energiebedarf berechnen

Mithilfe der „Harris-Benedict-Formel" können Sie Ihren Grundumsatz an Kalorien berechnen. Der Grundumsatz ist die Kalorienmenge, die Sie im Ruhezustand benötigen, damit alle Funktionen des Körpers sichergestellt werden. Zusammen mit dem Leistungsumsatz, dem Bedarf, den Sie bei körperlicher Betätigung benötigen, ergibt sich der Gesamt-Energieumsatz. Die Formel ist abhängig von:

- Geschlecht
- Alter
- Gewicht
- Körpergröße
- Tätigkeit

Grundumsatz für Frauen: 1 kcal x Körpergewicht (in kg) x 24
Grundumsatz für Männer: 1,1 kcal x Körpergewicht (in kg) x 24

Das Ergebnis zeigt an, wie hoch der Kalorienverbrauch Ihres Körpers im Ruhezustand ist. Alles darunter würde ein Kaloriendefizit bedeuten.

Beispiel:
Sie sind eine Frau und wiegen 60 kg bei einer Körpergröße von 1,62 cm. Die Berechnung würde wie folgt aussehen:
1 X 60 kg X 24 = 1440 kcal
Ihr Grundumsatz im Ruhezustand beträgt demnach 1440 kcal.

Treiben Sie Sport oder haben Sie täglich einen hohen Energiebedarf, weil Sie körperlich sehr aktiv sind, zählt zu diesem Grundumsatz noch der Leistungsumsatz dazu. Dieser wird mit sogenannten PAL-Werten berechnet.

PAL-Werte:

0,95:	Der Mensch im schlafenden Zustand.
1,2:	Menschen, die ausschließlich sitzen oder liegen.
1,4-1,5:	Menschen, die überwiegend sitzen und wenig Freizeitaktivitäten aufweisen.
1,6-1,7:	Menschen, die viel sitzen und sich gelegentlich bewegen.
1,8-1,9:	Menschen, die viel gehen oder stehen.
2,0-2,4:	Menschen mit körperlich anstrengenden beruflichen Tätigkeiten.

Benötigen Sie beispielsweise einen Grundumsatz von 1300 kcal und üben einen überwiegend stehenden Beruf aus, berechnet sich Ihr Leistungsumsatz wie folgt:
1300 kcal X 1,9 = 2470 kcal
2470 kcal – 1300 kcal = 1170 kcal
Ihr Leistungsumsatz beträgt somit 1170 kcal und deckt Ihren Mehrbedarf an beruflichen Tagen. Ihr Gesamtkalorienbedarf liegt bei 2470 kcal.

Dieser Ernährungsplan soll aufzeigen, wie abwechslungsreich Sie Ihre Ernährung gestalten können. Testen Sie, ob Sie mit einem Ernährungsplan zurechtkommen oder ob dieser Sie eventuell zu sehr unter Druck setzt.

> Besprechen Sie Ihr Vorhaben unbedingt mit einem Arzt oder einer professionellen Ernährungsberatung, bevor Sie mit einem festen Ernährungsplan beginnen.

Tipps zur Vermeidung von Heißhungerattacken

Immer wenn Sie der Heißhunger überkommt, greifen Sie zu allem, was der Vorratsschrank hergibt. Chips, Schokolade, Gummibärchen, Eis oder deftige Fertiggerichte sind schneller in Ihrem Magen gelandet, als es Ihnen lieb ist. Die Gier nach bestimmten Lebensmitteln entsteht meist durch eine Unterversorgung mit Nährstoffen, kann aber auch durch viele weitere Faktoren begünstigt werden. Durst kann fälschlicherweise als Hunger gedeutet werden und schnell greifen Sie dann in die Snackschublade, anstatt zu trinken. Das Insulin im Körper ist aber der häufigste Grund, weshalb es zu starken Essensgelüsten kommt. Wird dem Körper beispielsweise in Form eines Schokoriegels Energie zugeführt, werden die darin enthaltenen Kohlenhydrate sehr schnell aufgenommen. Der Blutzuckerspiegel steigt rasant an und es wird eine hohe Menge Insulin ausgeschüttet. Danach fällt der Blutzucker jedoch genauso schnell wieder ab und der Körper wird unterzuckert. Darauf folgt der typische Heißhunger, der nach mehr Essen verlangt. Folglich sind Sie dann in einem Teufelskreis gefangen und können schwer wieder aufhören, zu essen.

Hormone können ebenfalls für Heißhunger verantwortlich sein. Cortisol, das sogenannte Stresshormon, wirkt appetitanregend. Das erklärt, wieso Sie in Stresssituationen häufiger zu Snacks greifen. Der Heißhunger kann aber tatsächlich auch auf eine Mangelerscheinung zurückzuführen sein. Magnesiummangel macht sich durch einen starken Appetit nach Schokolade bemerkbar. So kann der Hunger auf Salziges auf ernsthafte Erkrankungen wie Diabetes oder Schilddrüsenstörungen zurückzuführen sein.

So vermeiden Sie Heißhungerattacken

- **Regelmäßige Essenszeiten**

Wenn Sie feste Essenszeiten in Ihren Alltag integrieren, wird Sie der Heißhunger nicht mehr so schnell überkommen. Ihr Magen wird sich an die Esszeiten gewöhnen und zudem kann sich das Hungergefühl selbst regulieren.

- **Frühstücken**

Lassen Sie morgens keinesfalls das Frühstück aus, denn dies ist häufig der Grund für den Abfall des Blutzuckerspiegels. Ein reichhaltiges Frühstück gibt Ihnen genügend Energie für den Tag und kurbelt Ihren Stoffwechsel an. Verzichten Sie auf das Frühstück, werden Sie bereits am Mittag starken Heißhunger verspüren und unkontrollierter essen.

- **Viel trinken**

Bevor Sie zu einem Snack greifen, sollten Sie sich angewöhnen, ein Glas Wasser zu trinken. Heißhunger kann sich auch durch Durst bemerkbar machen. Wenn Sie viel trinken, sind Sie gut hydriert und der Appetit wird von ganz allein verschwinden. Erinnern Sie sich selbst ans Trinken, indem Sie überall, wo Sie sich aufhalten, Wasser bereitstellen.

- **Bewegung**

Wer regelmäßig Sport treibt, wird nicht so oft von Heißhunger überfallen. Zwar verbraucht Sport sehr viele Kalorien, aber auf Dauer verbessert Sport den Stoffwechsel und beugt Appetit vor. Der Körper signalisiert nach dem Sport ein echtes Hungergefühl und keinen Appetit.

- **Proteinreiche Ernährung**

Lebensmittel mit hohem Eiweißgehalt regulieren den Blutzuckerspiegel und lassen ihn nicht so schnell abfallen. Das Sättigungsgefühl hält lange an und der Körper wird ausreichend mit Energie versorgt. Achten Sie deshalb auf eine proteinreiche Auswahl an Lebensmitteln, dann wird Ihnen der Heißhunger kaum noch zu schaffen machen.

- **Ausreichend schlafen**

Je schlechter Sie schlafen, desto mehr Heißhunger kann sich über den Tag entwickeln. Wenn Ihr Körper nicht ausgeruht ist, denkt dieser, er müsste die fehlende Energie über die Nahrung wiederaufnehmen. Neigen Sie abends zu Heißhungerattacken, sollten Sie möglichst früh ins Bett gehen und für mindestens sieben bis acht Stunden Schlaf sorgen. Wenn Sie müde sind, wird es Ihnen außerdem schwerer fallen, sich zu beherrschen. Ein ausgeglichener Körper ist standhafter gegenüber Leckereien und wird Ihnen signalisieren, wenn er wirklich Hunger hat.

• Süßes lieber als Nachtisch einplanen

Der komplette Verzicht auf Süßes kann Heißhunger ebenfalls anfachen. Schlauer ist es, wenn Sie etwas Süßes nach dem Hauptgang einplanen. Der Grund hierfür ist ganz simpel. Der Blutzucker steigt nach dem Essen und bleibt konstant. Wenn Sie jetzt etwas Süßes zu sich nehmen, kann der Blutzucker nicht so rasant ansteigen und wieder abfallen, weil er durch die vorherige Mahlzeit bereits angestiegen ist. Somit kann Heißhunger vermieden werden und Sie können sich eine kleine Süßigkeit gönnen.

• Langeweile bekämpfen

Ablenkung kann ebenfalls Heißhunger stoppen. Lümmeln Sie abends auf der Couch und wissen nicht, was Sie tun sollen, greifen Sie aus Langeweile automatisch zu Snacks. Das muss nicht sein. Suchen Sie sich eine Beschäftigung, die Ihnen Spaß macht und Sie von Ihren Gelüsten ablenkt. Handarbeiten, Malen, Schreiben oder Basteln sind gute Aktivitäten, die den Heißhunger vergessen lassen und gleichzeitig Ihre Hände beschäftigen.

Heißhungerstillende Notfalltipps

Überkommen Sie dennoch Gelüste, versuchen Sie zunächst, die folgenden Tipps umzusetzen:

- Trinken Sie Grünen Tee oder Pfefferminztee.
- Putzen Sie sich die Zähne, denn der Geschmack der Zahnpasta mildert die Lust auf Snacks.
- Kauen Sie unterwegs einen Kaugummi, das stoppt das Hungergefühl.
- Essen Sie ein paar Mandeln, das bremst die Lust auf Süßigkeiten. Vier bis fünf Mandeln reichen dafür schon aus.
- Ein bitterer Geschmack kann den Heißhunger ebenfalls unterbinden. Eine frischgepresste Grapefruit, ein Schluck Tonic Water oder Bittertropfen vertreiben die Lust auf Süßes sofort.

• Nicht hungern oder diäten

Zwingen Sie Ihren Körper nicht dazu, eine Hungerkur oder eine bestimmte Diät zu machen. Das geht meistens nach hinten los und der Heißhunger wird unerträglich. Läuft Ihr Körper auf Sparflamme, giert er automatisch nach allem Essbaren, was sich ihm in den Weg stellt. Außerdem fehlt es Ihrem Körper dann an Nährstoffen und es kann zu schwerwiegenden gesundheitlichen Problemen kommen.

- **Esspausen einlegen**

Geben Sie Ihrer Verdauung eine Pause, damit diese sich nicht dauerhaft anstrengen muss. Zwei bis drei Zwischenmahlzeiten neben den Hauptmahlzeiten sind in Ordnung. Dauerhaftes Snacken sollte vermieden werden, da es Heißhunger auslösen und den Magen überfordern kann. Zudem wird das dauerhafte Essen so zur Gewohnheit und schwierig wieder abzutrainieren.

- **Keine Verbote**

Keinesfalls sollten Sie sich Lebensmittel verbieten, denn genau dann möchte Ihr Körper diese umso mehr. Besser ist es, Sie planen sich kleine Portionen ein, die pro Tag oder pro Woche erlaubt sind. So können Sie trotzdem genießen und müssen kein schlechtes Gewissen haben. Es entwickelt sich dann auch kein Heißhunger auf bestimmte Lebensmittel, weil Sie diese in geringen Mengen in Ihren Speiseplan integriert haben.

- **Gesunde Alternativen schaffen**

Oft werden ungesunde Lebensmittel genascht, die wiederum dazu führen, dass der Heißhunger in stärkerer Form zurückkehrt. Verantwortlich sind dafür Inhaltsstoffe wie Glutamat, die den Appetit anregen. Können Sie Ihrem Heißhunger manchmal nicht widerstehen, ersetzen Sie ungesunde Snacks durch gesündere Alternativen. Am besten finden sich in Ihrem Kühlschrank nur gesunde Alternativen, damit Sie gar nicht erst in Versuchung kommen, Schokolade, Chips oder Ähnliches zu sich zu nehmen.

- **Appetit hinterfragen**

Denken Sie darüber nach, weshalb sich der Heißhunger genau in diesem Moment bemerkbar macht. Wenn Sie den Grund für Ihre Gelüste kennen, können Sie entsprechende Maßnahmen ergreifen und Ihren Heißhunger besser kontrollieren. Fragen Sie sich immer, ob Sie wirklich Heißhunger haben oder ob etwas anderes, wie Langeweile, dahinterstecken könnte. Notieren Sie die Häufigkeit und Ausprägung Ihres Heißhungers, so sehen Sie, wann er verstärkt auftritt.

Gesunde Snacks bei Heißhunger

Probieren Sie beim nächsten Mal, wenn Sie mit dem Heißhunger kämpfen, einen der folgenden Snacks aus. Sie werden sehen, dass sich Ihr Heißhunger wieder verflüchtigt. Die Snacks sind kalorienarm und helfen dabei, den kleinen Hunger zu befriedigen.

- **Trockenobst**

Trockenobst eignet sich für unterwegs. Naschen Sie eine bis zwei Trockenfrüchte und der Heißhunger verschwindet.

- **Magerquark oder Magerjoghurt mit Beeren**

Verrühren Sie Magerquark oder Magerjoghurt mit Beeren oder Trockenfrüchten. Sie können auch einen Teelöffel Haferflocken oder ein paar Mandeln dazugeben.

- **Reiswaffel mit Konfitüre oder Gelee**

Bestreichen Sie eine Reiswaffel dünn mit Konfitüre oder Gelee. Sie können selbstverständlich auch Joghurt oder Quark nehmen.

- **Zerdrückte Bananen**

Zerkleinern Sie eine Banane mit einer Gabel und geben Sie, wenn Sie möchten, noch ein Topping mit Beeren oder ein Klecks Magerjoghurt darauf.

- **Karotten- oder Kohlrabisticks mit Kräuterquark**

Stellen Sie Ihren eigenen Kräuterquark aus Kräutern und Magerquark her. Schneiden Sie Karotten oder Kohlrabi in 5 cm lange Sticks, die Sie dann in den Kräuterquark dippen können.

- **Gurkenscheiben mit Hummus**

Bestreichen Sie fünf bis sechs Gurkenscheiben mit etwas Hummus.

- **Kerne oder Nüsse**

Ebenfalls für unterwegs eignen sich Studentenfutter und Sonnenblumenkerne. Allerdings sollten Sie nicht zu viel davon naschen. Eine bis zwei Nüsse reichen oftmals aus, um den Heißhunger zu bekämpfen.

- **Tomaten- oder Karottensaft**

Trinken Sie ein kleines Glas Tomaten- oder Karottensaft und schon sagen Sie den Gelüsten den Kampf an. Sie können den Saft auch mit etwas Paprikapulver würzen, das regt den Stoffwechsel zusätzlich an.

- **Gemüsechips**

Stellen Sie Ihre eigenen gesunden Chips her, indem Sie Kartoffeln, Rote Beete, Zucchini oder Süßkartoffeln im Ofen garen. Schneiden Sie das Gemüse in Scheiben und würzen Sie es nach Belieben. Sie können auch etwas Zitronensaft darüberträufeln oder die Chips mit einer Mischung aus Olivenöl und Kräutern bestreichen. Diese Chips weisen weniger Fett auf und sind gesünder als die kalorienreichen Varianten aus dem Supermarkt.

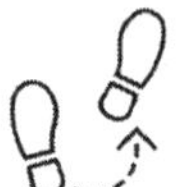

Schritt 3: Emotionales Essen erkennen und alternative Bewältigungsstrategien

Auf der Arbeit wird Ihnen alles zu viel und Sie haben schon morgens die Süßigkeiten-Schublade in Ihrem Schreibtisch geplündert, noch bevor Sie in die Mittagspause gegangen sind. Nach dem Mittagessen greifen Sie zu einem Eis, weil Sie sich für das stressige Meeting mit Ihrem Chef belohnen wollen. Sie eilen zur Bahn und naschen zwischendurch ein paar Kaubonbons, weil diese Sie beruhigen. Unterwegs gönnen Sie sich einen Schokoriegel, weil das Telefonat mit Ihrer Mutter wahnsinnig anstrengend war. Nach dem stressigen Tag im Büro möchten Sie nur noch nach Hause, um sich auszuruhen. Der erste Griff folgt in den Snackschrank, aus dem Sie Chips hervorholen. Gemütlich setzen Sie sich auf die Couch und vertilgen die gesamte Packung vor dem Fernseher. Weil Sie den Film so traurig finden, holen Sie sich noch eine Tüte Gummibärchen dazu. Kurzerhand wandert noch eine schnelle Tiefkühlpizza in Ihren Magen, weil Sie wütend auf Ihren Partner sind, der Ihnen zuvor mitgeteilt hat, dass er den Filmabend mit Ihnen wegen einer anderen Verabredung sausen lässt.

So oder so ähnlich kann sich emotionales Essen zeigen. Bestimmt gab es in Ihrem Alltag auch schon einmal Situationen, die Sie so sehr gefordert haben, dass Sie etwas naschen mussten. Sie sind genervt oder erschöpft und die Schokolade wird in diesem Moment zum Nervenretter. Essen dient dann zur Beruhigung und wenn dies nicht regelmäßig geschieht, ist emotionales Essen auch nicht bedenklich. Jeder Mensch hat das sicherlich schon einmal erlebt. Manchmal braucht die Seele eine kleine Belohnung, um sich vom stressigen Alltag zu erholen. Wenn aber das emotionale Essen, wie im Beispiel, zu eskalieren droht, kann sich daraus eine Essstörung wie Binge Eating entwickeln.

Was ist emotionales Essen?

Häufig handelt es sich um emotionales Essen, wenn ohne Hunger gegessen wird und starke Gefühle sowie Emotionen mit im Spiel sind. Das bekannte Frustessen nach einem einschneidenden Erlebnis, wie bei einer Trennung oder einem Streit, dürfte Ihnen bekannt vorkommen. Unangenehme Gefühlszustände können mitunter dazu führen, dass Sie sich mit einem Eimer Eiscreme in der Hand wiederfinden und Ihr Leid beklagen. Dieses klischeehafte Bild ist aber keineswegs unrealistisch, denn viele Menschen würden sich ebenfalls als emotionale Esser beschreiben. Emotionales Essen muss aber nicht zwangsweise negativ behaftet sein, denn es kann auch als Belohnung eingesetzt werden. Treten überschwängliche Gefühle beispielsweise nach einer bestandenen Prüfung auf, kann sich die Person mit einem leckeren Abendessen im Restaurant belohnen. Auch hier spielt Hunger keine Rolle.

Emotionales Essen mag im ersten Moment für eine kleine Erleichterung sorgen, aber langfristig hält es Sie davon ab, eine gesunde Beziehung zum Essen aufrechtzuerhalten. Vielmehr blockiert es den richtigen Umgang mit starken Gefühlen und ist deshalb nicht als Dauerlösung zur Stressbewältigung geeignet. Frustessen sorgt eher dafür, dass die Gefühle überlagert werden, und kann durch neue negative Gefühle wie Schuld und Scham verschlimmert werden. Grundsätzlich ist das emotionale Essen noch nicht als psychische Erkrankung einzustufen. Es kann aber Hinweise für eine drohende oder bereits bestehende Essstörung liefern. Zu betrachten ist hier immer das Gesamtbild einer Person und deren Vorgeschichte.

Welche Ursachen hat emotionales Essen?

Meist liegt der Grund für das emotionale Essen in der Kindheit der Betroffenen. Wurde bereits in frühen Jahren nie gelernt, eigene Emotionen oder Gefühle aufzuarbeiten, fällt es den betroffenen Personen sehr schwer, über Probleme zu reden und sich Hilfe zu holen. Sie können dann dazu neigen, sich mit Essen vom Kummer abzulenken. Das Essen wirkt für kurze Zeit als Ventil, kann aber die Probleme dauerhaft nicht lösen. So kann das emotionale Essen zu einem zusätzlichen Problem werden, welches die Betroffenen belastet. Treten neue Stresssituationen auf, wissen die Betroffenen keine anderen Bewältigungsstrategien einzusetzen als Essen, um auftretenden Stress zu kompensieren. Ein weiteres Risiko stellen Diäten dar. Sie können ebenfalls die Ursache für emotionales Essen sein. Bei einer Diät beschäftigen Sie sich dauerhaft mit Ihrer Ernährung und verspüren schneller Frust, wenn der gewünschte Diäterfolg ausbleibt. Somit ist der Griff zu ungesunden Lebensmitteln nicht mehr weit, wenn Heißhunger und negative Gefühle aufeinanderprallen. Unverarbeitete Traumata stehen ebenfalls im Verdacht, emotionales Essen zu fördern. Durch wiederkehrende Erinnerungen, auch Flashbacks genannt, werden die betroffenen Personen stetig an das traumatische Szenario erinnert. Somit kochen alte Emotionen wieder hoch und müssen ein weiteres Mal durchlebt werden. Um den in Wellen auftretenden Gefühlen zu trotzen, möchten Betroffene mithilfe des Essens Ablenkung, Trost oder auch Entspannung finden. Allerdings hält dieser Effekt nur für kurze Zeit an, sodass das eigentliche Trauma unbehandelt bleibt.

Abschließend ist nicht genau geklärt, weshalb manche Personen einen stärkeren Hang zum emotionalen Essen haben und andere wiederum nicht. Es mag sein, dass erlerntes Verhalten hierbei eine größere Rolle spielt. So kann ein Kind, welches immer mit Süßigkeiten getröstet wurde, später vielleicht zu einem emotionalen Esser werden. Es hat nicht gelernt, mit seinen Gefühlen umzugehen, sondern diese mit Süßigkeiten zu betäuben. Doch auch dies muss nicht unbedingt eintreffen. Es ist vielmehr ein Zusammenspiel aus persönlichen Erfahrungen, erlerntem Verhalten sowie Überforderung bei neu auftretenden Stresssituationen.

Erkennen von emotionalem Essen

Für Ihre Genesung ist es wichtig, dass Sie emotionales Essen in Ihrem Alltag identifizieren können. Nur so haben Sie die Möglichkeit, entsprechend zu reagieren und alternative Bewältigungsstrategien zu entwickeln. Zunächst müssen Sie aber die Auslöser für Ihr emotionales Essverhalten herausfinden. Vielleicht sind Ihnen diese Auslöser gar nicht so bewusst und Sie treten gehäuft in bestimmten Situationen auf. Oftmals sind es die gleichen Auslöser, die dazu führen, dass Sie zu ungesunden Snacks greifen. Wenn Sie sich intensiver mit Ihrem Essverhalten auseinandersetzen, werden Sie schnell bestimmte Verhaltensmuster erkennen können.

Was sind Auslöser für emotionales Essen?

Einer der größten Auslöser für emotionales Essen ist Stress. Der Körper wird in einen regelrechten Alarmzustand versetzt, wenn er mit dauerhafter Anspannung konfrontiert wird. Ein Überschuss an Cortisol im Körper sorgt dafür, dass die Energiereserven aufgebraucht werden. Das erklärt, weshalb Sie sich nach einem stressigen Tag auch so ausgelaugt fühlen. Um diese Energiereserven wieder aufzufüllen, greifen Sie automatisch nach dem schnellen Energielieferanten Zucker. Dieser schüttet nach der Aufnahme das Hormon Dopamin aus und beschert wahre Glücksgefühle. Das Belohnungszentrum im Gehirn wird aktiviert und verändert, wenn auch nur kurzzeitig, Ihre Stimmung zum Positiven.

Angst kann ebenfalls zu emotionalem Essen führen, besonders dann, wenn Sie nicht gelernt haben, mit Ihrer Angst umzugehen. Essen kann in diesem Fall als Beruhigungsmittel dienen und die Angst abmildern. Ebenso verhält es sich mit Traurigkeit und Einsamkeit. Können negative Gefühle nicht akzeptiert und verarbeitet werden, ist der Griff zur Schokolade der einfachste Weg, um positive Gefühle im Gehirn zu erzeugen. Da diese positiven Gefühle nur kurzfristig anhalten, ist es verständlich, wenn Sie diese durch erneutes Essen aufrechterhalten möchten. Ein dauerhaftes, emotionales Essverhalten entsteht.

Beispiel:
Marie hat starke Prüfungsangst. Sie hat noch nie mit jemandem darüber gesprochen, weil sie sich dafür schämt. Vor jeder Klausur in der Uni greift sie automatisch zu Süßigkeiten. Das beruhigt Marie und sie fühlt sich kurzzeitig glücklicher. Mittlerweile braucht sie vor jeder Klausur ihre „Dosis", damit sie nicht völlig die Nerven verliert und sich einigermaßen konzentrieren kann. Deshalb hat sie immer einen Schokoriegel in der Tasche, den sie sich vorher einverleibt.

Schlussendlich kann auch Langeweile ein Faktor für emotionales Essen sein. Das Essen wirkt wie eine Belohnung auf den Körper und pusht die positiven Gefühle um ein Vielfaches. Wenn Sie nichts mit sich anzufangen wissen, entsteht Frustration. Diese Frustration erhöht wiederum den Cortisolspiegel. Stress entsteht und der Körper dürstet wiederum nach Dopamin. Folglich greifen Sie wieder zu ungesunden Snacks und Süßigkeiten, die Ihren emotionalen Hunger befriedigen.

Zusammenfassend sind Stress, Angst, Traurigkeit, Einsamkeit und Langeweile die häufigsten Auslöser für emotionales Essen.

Aufgabe:
Notieren Sie Situationen, in denen Sie sich selbst schon beim emotionalen Essen ertappt haben. Fragen Sie sich, welche Gefühle und Motive dahinterstecken könnten, und halten Sie die möglichen Auslöser in Ihrem Alltag fest. Das gibt Ihnen ein Stück weit Kontrolle zurück, weil Sie die Auslöser nun benennen können. Bevor Sie der nächste Essanfall überkommt, können Sie alternative Bewältigungsstrategien trainieren und anwenden.

Alternativen zum emotionalen Essen

Emotionales Essen ist vermeidbar, indem Sie alternative Strategien entwickeln, mit denen Sie starke Gefühle kompensieren können. Anstatt zu essen, gibt es viele Möglichkeiten, Frust und Stress abzubauen. Möglicherweise haben Sie aber nie gelernt, Ihre Gefühle und Emotionen gesund zu bewältigen, und greifen deshalb auf emotionales Essen zurück. Die erlernten Verhaltensmuster sind sicherlich nicht einfach zu verändern. Mit einem umprogrammierten Mindset ist es dennoch möglich, dass Sie sich dem emotionalen Essen bewusstwerden und sich selbst für gesündere Alternativen entscheiden. Anstatt abends nach Süßem zu greifen oder sich mit Snacks für einen stressigen Arbeitstag zu belohnen, könnten Sie auch ein entspannendes Bad nehmen und die Seele baumeln lassen. Das ist kalorienfrei und fördert ebenfalls Ihr Wohlbefinden. Selbstfürsorge ist demnach ein Thema, welches Sie in Bezug auf Ihre Ernährung und Ihre Essstörung verstärkt in den Fokus rücken sollten. Mit emotionalem Essen schaden Sie nicht nur Ihrer Gesundheit, sondern auch Ihrer Psyche. Irgendwann kann sich eine Gewohnheit oder schlimmstenfalls eine Abhängigkeit daraus entwickeln. Und Selbstfürsorge sollte in erster Linie bedeuten, dass Sie auf Ihren Körper achtgeben und Ihre Gesundheit mit geeigneten Maßnahmen fördern. Emotionales Essen gehört allerdings nicht dazu.

Wie können Sie emotionales Essen stoppen?

Zuallererst sollten Sie sich Mut zusprechen und keinen Druck aufbauen. Emotionales Essen kann nicht von heute auf morgen abgelegt werden, da dies wie alle schlechten Angewohnheiten mit Geduld abtrainiert werden muss. Sie werden Zeit benötigen, um die Ursachen und die Auslöser zu identifizieren. Geben Sie sich diese Zeit und erwarten Sie nicht zu viel von sich selbst. Der eine oder andere Rückschlag darf Sie dabei nicht entmutigen. Vielmehr sind kleinere Rückfälle sogar hilfreich, um eventuelle Auslöser ausfindig machen zu können, die Ihnen vorher nicht aufgefallen sind. Sie lernen dazu und können konkretere Maßnahmen ergreifen. Nachfolgend finden Sie hilfreiche Tipps, wie Sie gegen das emotionale Essen erfolgreich vorgehen können.

Verständnis aufbringen

Versuchen Sie, nicht zu hart mit sich selbst ins Gericht zu gehen, indem Sie Verständnis für Ihre Situation und Ihr Handeln aufbringen. Es hat einen Grund, weshalb Sie immer dann etwas essen müssen, wenn starke Gefühle in Ihnen hochkochen. Wenn Sie sich verurteilen, entstehen automatisch negative Gefühle, die wiederum emotionales Essen fördern. Haben Sie aber akzeptiert, dass Sie hin und wieder zu emotionalen Essanfällen neigen, werden Sie verständnisvoller mit sich selbst umgehen. Das löst vorhandene Schamgefühle auf und verhilft Ihnen zu mehr Selbstvertrauen. Ein weiterer Punkt ist der Verzicht auf Verbote. Um den Druck herauszunehmen, sollten Sie Ihre Nahrungsaufnahme keinesfalls einschränken, indem Sie Lebensmittel in „gut“ oder „schlecht“ einteilen. Hin und wieder dürfen auch Sie sich etwas gönnen und sollten das auch tun, damit Sie keinen unbändigen Heißhunger auf bestimmte Lebensmittel entwickeln.

Auslöser identifizieren

Der einfachste Weg, die Auslöser für emotionale Essanfälle herauszufinden, ist das Führen eines Tagebuchs. Wichtig ist, dass Sie auflisten, wann es zu emotionalen Mahlzeiten kommt und welche Situationen dazu geführt haben. Finden Sie Stressfaktoren heraus, die Ihnen im Alltag zu schaffen machen, werden Sie schnell hinter die möglichen Auslöser kommen, die emotionales Essen entstehen lassen. Achten Sie auf Ihre Gedanken, die auftreten, bevor Sie zum Essen greifen. Schon hier zeigt sich oft der Auslöser für die Essanfälle.

Manchmal kann ein Auslöser auch versteckt sein. Wenn Sie beispielsweise gestresst von der Arbeit nach Hause kommen, aber nicht die Arbeit selbst der Grund für Ihre Anspannung ist, kann vielmehr der Konflikt mit einem Kollegen dahinterstecken. Dies kann dann der eigentliche Auslöser für Ihre emotionalen Essanfälle sein.

Verhalten hinterfragen

Halten Sie inne und hinterfragen Sie Ihre Zwischenmahlzeiten genau. Essen Sie gerade, weil Sie ein bestimmtes Gefühl wahrnehmen oder weil Sie wirklich Hunger haben? Fragen Sie sich bei jeder Mahlzeit, ob bestimmte Gefühle oder Emotionen im Spiel sind oder ob Sie mit dem Essen auf Ihr Umfeld reagieren. Oftmals können kleinste Reize dafür verantwortlich sein, dass Sie zu ungesunden Snacks greifen. Mehr Achtsamkeit im Alltag hilft Ihnen dabei, zu erkennen, wann Sie aus emotionalen Gründen zum Essen greifen. Achtsamkeitsübungen helfen Ihnen außerdem dabei, Ihr natürliches Hungergefühl wieder zu spüren und so den Heißhunger auch als solchen zu erkennen. Eine gute Übung für den Anfang sind langsames Kauen und das Zerlegen der Mahlzeit in kleinste Bestandteile. Konzentrieren Sie sich auf den Geruch, die Konsistenz und den Geschmack. Das trainiert Ihre Achtsamkeit und hilft Ihrem Magen, das Sättigungsgefühl einzustellen. Sie spüren das Sättigungsgefühl und nehmen Ihre Mahlzeit bewusster wahr. Der Genuss wird sich erhöhen und es fällt Ihnen leichter, aufzuhören, wenn Sie satt sind.

Alternativen finden

Natürlich ist es menschlich, wenn Sie in Stresssituationen eine kleine Leckerei naschen, weil diese Sie entspannt oder als Belohnung funktioniert. Langfristig gesehen sollten Sie aber zu gesünderen Bewältigungsstrategien greifen, damit das emotionale Essen nicht zu einer bleibenden Angewohnheit wird. Überlegen Sie, womit Sie sich vom Essen ablenken können, wenn Sie wieder einmal essen möchten, ohne Hunger zu haben. Notieren Sie sich im Vorfeld Ideen und Maßnahmen, die Ihnen dabei helfen können, emotionales Essen zu unterbinden. Es sollten möglichst Aktivitäten sein, die Sie schnell umsetzen können, wenn sich Stress oder negative Gefühle anbahnen. Komplizierte Pläne werden Ihnen nicht weiterhelfen und können im stressigen Alltag höchst unpraktisch sein. Wenn Sie beispielsweise Sport einplanen, aber dafür keine Zeit haben, wird Ihnen diese Maßnahme als Alternative nicht weiterhelfen. Möglicherweise werden Sie zusätzlich noch von Schuldgefühlen geplagt, weil Sie selbst die alternative Methode nicht umsetzen konnten.

Alternativen anwenden

Die Umsetzung der alternativen Bewältigungsstrategien muss leicht durchführbar sein und schnell erfolgen können. Das bedeutet, Sie müssen wissen, was zu tun ist, wenn Sie den Drang verspüren, Ihrem Heißhunger nachzugeben. Holen Sie sich auch Unterstützung von Ihren Mitmenschen und weihen Sie diese in Ihre Pläne ein. Vielleicht kann Ihnen eine nahestehende Person weiterhelfen und Sie vom emotionalen Essen ablenken.

Beispiele für gesunde Alternativen zu emotionalem Essen

Hier sehen Sie ein paar Ideen, die Sie anwenden können, wenn Sie von starken Gefühlen übermannt werden. Diese Ideen sind leicht umzusetzen und müssen nicht großartig vorbereitet werden. Bestimmt fallen Ihnen noch mehr Alternativen ein, die Ihnen Spaß machen und Sie vom emotionalen Essen ablenken.

Langeweile

Sie verspüren eine unerträgliche Langeweile und alles, was Ihnen jetzt noch helfen kann, ist ein Stück Schokolade? Stopp! Suchen Sie sich lieber eine Beschäftigung, die Sie von diesem Gedanken ablenkt. Dies sollte möglichst eine Beschäftigung sein, die nichts mit Essen zu tun hat. Sortieren Sie Ihren Papierkram, putzen Sie Ihre Wohnung, schreiben Sie Ihre Gedanken auf, lesen Sie ein Buch oder gehen Sie spazieren. Finden Sie ansprechende Aktivitäten, die Sie ohne viel Aufwand ausüben können. Vielleicht möchten Sie auch ein Hobby ausüben, welches Sie schon länger vernachlässigt haben. Tanzen Sie auf Ihre Lieblingsmusik, malen Sie ein Bild oder lösen Sie ein Kreuzworträtsel. Möglicherweise braucht Ihr Gehirn einfach etwas Abwechslung und der Heißhunger verfliegt, sobald Sie sich einer Sache widmen, die Ihnen Spaß macht. Bestimmt kennen Sie das Gefühl, wenn Sie sich mit einer Sache leidenschaftlich gerne beschäftigen. Die Zeit verfliegt und Sie denken überhaupt nicht ans Essen. Nutzen Sie diesen Umstand und erstellen Sie sich eine Liste mit Aktivitäten, auf die Sie zurückgreifen, sobald Sie der Appetit überkommt.

Traurigkeit/Einsamkeit

In schweren, einsamen Momenten wünscht sich die Seele Trost und Essen hilft da nur für einen kurzen Moment. Versuchen Sie stattdessen, zum Telefon zu greifen und sich Ihren Kummer von der Seele zu reden, bevor Sie zum Kühlschrank tigern. Legen Sie fest, wen Sie in solchen Momenten anrufen, und besprechen Sie mit dieser Person Ihr Vorhaben. Sicherlich wird diese Person Sie gerne dabei unterstützen und Ihnen bei Problemen zuhören. Eine weitere Möglichkeit, um Ihre negativen Gedanken zu verarbeiten, ist das Schreiben. Bringen Sie Ihre Gedanken zu Papier, denn dann sind diese erst einmal aus Ihrem Kopf heraus. Wenn Sie Ihre Gedanken dann schwarz auf weiß vor sich liegen haben, können Sie wieder einen klaren Kopf bekommen, und vielleicht fällt Ihnen dazu auch noch eine passende Lösung ein.

Legen Sie sich für traurige Phasen ein Glückstagebuch bereit, in das Sie zuvor alles hineinschreiben, wofür Sie in Ihrem Leben dankbar sind. Fühlen Sie sich schlecht oder werden Sie von Traurigkeit geplagt, nehmen Sie das Tagebuch zur Hand und lesen darin. Ihre Laune wird sich sicherlich schnell heben und die dunklen Wolken verschwinden von ganz allein.

Manchmal können traurige Gefühle sehr intensiv werden und es scheint, als würde nichts dagegen helfen. Auch hier ist es wichtig, dass Sie nicht Ihrem Drang nach Essen nachgeben, sondern sich Hilfe holen. Treffen Sie sich mit Ihren Liebsten und reden Sie über Ihre Gefühle. Trost spendende Worte und die Unterstützung von anderen Menschen können besonders gut bei Krisen helfen.

Angst/Stress

Beschäftigen Sie sich mit Entspannungstechniken und üben Sie diese so oft es geht. Suchen Sie sich einen bis zwei Tage in der Woche aus, an denen Sie regelmäßig üben. Werden Sie irgendwann von immensem Stress oder Ängsten geplagt, besitzen Sie das Wissen und die Praxis, um sich wieder beruhigen zu können. Vielleicht möchten Sie sich auch ein kleines Notfallset für unterwegs zusammenstellen, das Ihnen in solchen Situationen weiterhilft. Darin können beispielsweise Kaugummis, ein Anti-Stress-Ball oder ein kleines Notizbuch mit Stift enthalten sein. Alles, was zu Ihrer Entspannung beiträgt und Sie vom emotionalen Essen entfernt, ist förderlich. Verspüren Sie Angst, ist es sinnvoll, auf Aktivitäten zurückzugreifen, die Ihnen Sicherheit vermitteln. Beispielsweise Atemübungen und Bewegung an der frischen Luft sind erprobte Mittel gegen Ängste.

Wut

Sie haben angestaute Wut und möchten diese so schnell wie möglich loswerden. Der Griff zu Snacks ist eine einfache und bequeme Möglichkeit, lässt jedoch Ihr Gewicht ansteigen und schadet Ihrer Gesundheit. Was können Sie also alternativ tun, um sich in solchen Momenten abzureagieren? Die Antwort ist recht simpel. Lassen Sie Ihre Wut kontrolliert heraus. Nehmen Sie ein Kissen und schlagen Sie darauf ein. Selbst, wenn Sie sich dabei lächerlich vorkommen, ist es wahnsinnig befreiend, wenn Sie Ihre Aggressionen herauslassen können, anstatt diese wortwörtlich in sich hineinzufressen. Auch Atemübungen, Yoga oder Pilates können Anspannungen im Körper lösen.

Stressbewältigungs- und Entspannungstechniken: Fortgeschrittene Strategien zur Binge-Eating-Bewältigung

Neben alternativen Verhaltensweisen und dem Bekämpfen festgefahrener Gewohnheiten sind ebenso Techniken hilfreich, die akuten Stress bekämpfen und für Entspannungsmomente sorgen. Gerade bei der Binge-Eating-Erkrankung ist Stress der Hauptfaktor für Heißhungerattacken und begünstigt emotionales Essen. Deshalb sollten verschiedene Entspannungstechniken möglichst schnell abrufbar sein, damit der Heißhunger nicht die Oberhand gewinnt und Sie Ihr Essverhalten verbessern können. Stress kann auf Dauer sehr krank machen und Ihrer Gesundheit schaden. Nicht nur die Psyche, sondern auch der Körper kann darunter leiden. Der dauerhaft erhöhte Cortisolspiegel stimuliert Ihren Heißhunger, sodass Sie glauben, nur mit Essen in einen Entspannungszustand zu gelangen. Diese Annahme ist jedoch ein gefährlicher Trugschluss, da der Körper nicht nur durch Stress, sondern auch durch ständiges Kalorienverbrennen belastet wird. Der Körper braucht Ruhephasen, in denen er sich regenerieren kann, und dazu gehören auch Essenspausen.

Nimmt die Anspannung in Ihrem Alltag zu, sollten Sie auf gesunde Entspannungsmethoden zurückgreifen, die Ihren Körper wieder in Balance bringen. Es gibt viele Möglichkeiten, wie Sie gegen Stress vorgehen können. Sicherlich gibt es neben den nachfolgenden Anregungen auch individuelle Strategien, die Ihnen dabei helfen, Ihre Nerven zu beruhigen. Manche Menschen können bei Musik sehr gut abschalten, andere wiederum stürzen sich in ein Hobby. Probieren Sie aus, was in Ihrem Fall gut funktioniert.

Wie können Sie in stressigen Zeiten Entspannung finden?

Stress ist leider im heutigen Zeitalter ein ständiger Begleiter und kaum jemand kann sich dem entziehen. Die Anspannung, die bei Stress entsteht, kann zu heftigen Reaktionen im Körper und auch im eigenen Verhalten führen. Diese Belastung empfindet jeder Mensch subjektiv und kann bei einer Person zu schädlichen Kompensationen führen, bei einer anderen Person wiederum zu einem wahren Energieschub. Das ist auch der Grund, weshalb manche Menschen unter Stress regelrecht aufblühen. Meist jedoch wird Stress negativ empfunden und wirkt sich unmittelbar auf die Lebensqualität aus. Um einen Ausgleich zu finden, sind demnach Entspannungsphasen wichtig, die wieder Kraft schenken und vor ungesunden Verhaltensweisen schützen.

Autogenes Training

Mithilfe Ihrer Vorstellungskraft ist es möglich, sich in einen tiefen Entspannungszustand zu versetzen. Autogenes Training zielt darauf ab, Stress abzubauen, indem Sie auf Ihre Fantasie zurückgreifen. Es ist eine Form der Selbsthypnose und kann, wenn Sie autogenes Training beherrschen, die Körperfunktionen positiv beeinflussen. Das heißt, Sie haben die Möglichkeit, Ihren Puls, Ihre Atmung und Ihre Durchblutung in gewissem Maße zu steuern. Weitere positive Effekte für den Körper sind die Steigerung der Leistungsfähigkeit und die Verringerung von körperlichen Schmerzen sowie Muskelverspannungen. Zudem bringt autogenes Training mehr Ruhe und Gelassenheit mit sich, was sich allgemein positiv auf Motivation und Konzentration auswirkt. Auch Einschlafprobleme lassen sich mit dieser Technik wunderbar behandeln.

Für eine erfolgreiche Anwendung sollten Sie autogenes Training regelmäßig üben. Je mehr Sie üben, desto besser funktioniert Ihre Vorstellungskraft. Schon fünf Minuten Training am Tag sind ausreichend.

Audiodatei 1, 2

Meditation

Autogenes Training

Progressive Muskelentspannung

Anspannung betrifft nicht nur die Psyche, sondern kann sich auch in verspannten Muskeln äußern. Hier kann progressive Muskelentspannung, welche auch progressive Muskelrelaxation genannt wird, wahre Wunder wirken. Dabei werden kontrolliert einzelne Muskelpartien rhythmisch angespannt und wieder gelockert. Dies erzeugt ein tiefes Entspannungsgefühl und hilft, körperliche sowie psychische Anspannung aufzulösen. Progressive Muskelentspannung wird erfolgreich als therapeutische Maßnahme für psychosomatische Erkrankungen eingesetzt und verbessert die eigene Körperwahrnehmung sowie das seelische Gleichgewicht. Außerdem können Sie die progressive Muskelentspannung sehr leicht selbst durchführen.

Audiodatei 3
Progressive Muskelentspannung

Atemübungen

Bei Stress beschleunigt sich die Atmung und der Körper wird weniger mit Sauerstoff versorgt, wodurch Unruhezustände entstehen können. Häufig atmen wir Menschen generell zu flach und zu schnell. Das hat Auswirkungen auf den gesamten Organismus. Atmen ist nicht nur lebensnotwendig, sondern besitzt auch eine heilende Wirkung. Richtiges Atmen wirkt sich positiv auf die Gesundheit aus, denn die Atmung kann den Blutdruck regulieren, Verspannungen im Körper lösen und dazu beitragen, die innere Balance wiederzufinden. Über die Atmung ist es demnach möglich, Ihre Nerven zu beruhigen sowie in einen tranceartigen Zustand zu gelangen, der den gesamten Körper in Entspannung versetzt. Das ist besonders hilfreich, wenn Sie dauerhaft starken Belastungen ausgesetzt sind und körperliche sowie psychische Anspannungen lösen möchten. Atemübungen haben außerdem den Vorteil, dass Sie jederzeit als Selbsthilfemaßnahme anwendbar sind, egal, ob Sie sich dabei an einer Bushaltestelle, im Büro oder auf einer Party befinden. Atemübungen befreien Sie aus kritischen Situationen und helfen, Ihre Emotionen zu regulieren. Mit der richtigen Atemtechnik kann es Ihnen wieder gelingen, achtsamer mit sich selbst umzugehen.

Für eine korrekte Atmung ist die Nasenatmung zu empfehlen. Wir Menschen atmen mittlerweile zu stark durch den Mund und die Atmung wird deshalb zur Nebensache. Dies hat zur Folge, dass die Lunge nicht komplett ausgelastet ist und sich so vermehrt Erkrankungen im Körper ausbreiten können. Bei Stress wird der Körper zusätzlich durch eine mangelnde Sauerstoffversorgung belastet. Besser ist es daher, sich bewusster mit der eigenen Atmung auseinanderzusetzen und diese zu verbessern. Mithilfe von Atemübungen lernen Sie, Ihren Körper zu unterstützen und in stressigen Zeiten zu beruhigen.

Audiodatei 4,5,6,7,8
Atemübungen

Bewegung an der frischen Luft

Um den Kopf freizubekommen und Abstand vom stressigen Alltag zu finden, eignet sich besonders ein Spaziergang an der frischen Luft. In Kombination mit einer Atemübung wirkt sich der Spaziergang noch positiver auf Ihre Gesundheit aus. Selbst ein kurzer Spaziergang kann Ihren Stresspegel drastisch reduzieren. Stresshormone werden schnell vermindert, sobald Sie sich an einem ruhigen Ort in der Natur befinden. Allein die beruhigenden Geräusche im Wald oder im Park lassen Sie Ihre Sorgen für einen kurzen Moment vergessen. Frische Luft durchflutet Ihren Körper und unterstützt auch Ihr Gehirn dabei, Ihre Psyche zu stärken. Ihr Körper braucht zudem das lebensnotwendige Vitamin D, welches nur produziert wird, wenn Sie mit Sonnenlicht in Kontakt kommen. Gerade in den Wintermonaten ist deshalb der Aufenthalt in der Natur zu empfehlen, weil die Sonne nicht so häufig zu sehen ist. Das ist auch ein Grund, weshalb sich in dieser Zeit depressive Verstimmungen verstärken. Durch einen Mangel an Vitamin D wird der Körper empfindlicher gegenüber Stress. Beugen Sie vor, indem Sie, wann immer es möglich ist, Zeit in der Natur verbringen.

Audiodatei 9
Meditation
Eine Traumreise in den Wald

Meditation: Selbstfürsorge

Um in einen tiefen Entspannungszustand zu gelangen, können Sie auf Meditationen zurückgreifen. Meditation ist eine sehr alte Technik, um die Konzentration zu steuern und den eigenen Bewusstseinszustand zu beeinflussen. Regelmäßige Meditationen schenken dem Körper innere Ruhe und Entspannung. Sie sind besonders gut geeignet, um Stress abzubauen. Es gibt unterschiedliche Arten von Meditationen: Klassische Meditation, Tanzmeditation, Gehmeditation, rituelle Meditation oder Musikmeditation. Schauen Sie, welche Art von Meditation am besten zu Ihnen passt und Ihnen hilft, Stress zu reduzieren.

Audiodatei 10,11

Meditation

Körperwahrnehmung und Selbstliebe

Ruhe finden und einschlafen

Entschleunigung

So simpel es klingt, aber haben Sie schon einmal daran gedacht, generell Ihren Alltag zu entschleunigen und Stress bewusst zu reduzieren? Viele Situationen sind unserem Verhalten geschuldet und müssen gar nicht erst stressig werden. Oft entsteht Stress im eigenen Kopf und wird nicht immer unbedingt von äußeren Einflüssen hervorgerufen. Sie können selbst dazu beitragen, dass sich der Stress auf ein Minimum reduziert und Sie öfter abschalten können. Der Ausbruch aus dem Hamsterrad hat viele positive Effekte und schützt Ihre Psyche vor Überlastung. Oft ist es doch so, dass die Hektik im Alltag unberechtigt ist und vermieden werden kann. Beobachten Sie sich einen Tag lang und versuchen Sie, Stress zu identifizieren, den Sie selbst verursacht haben. Sie werden staunen, wie oft Sie sich selbst unter Druck setzen. Das können Sie ändern, indem Sie den Perfektionismus ablegen und sich viel mehr auf das Wesentliche konzentrieren. Sie müssen nicht immer einhundert Prozent abliefern. Geben Sie sich lieber mit achtzig Prozent zufrieden und genießen Sie Ihre neugewonnene Freiheit.

Diese Tipps können Ihnen zusätzlich helfen, Ihr Leben zu entschleunigen:

- Regelmäßige Auszeiten sollten Sie pro Tag einplanen, um Ihren Energiespeicher wieder aufzuladen. Bewegen Sie sich viel in der Natur und planen Sie mehrmals pro Woche kleine Spaziergänge an der frischen Luft ein.
- Auch, wenn es Ihnen schwerfällt, sollten Sie öfter „Nein" sagen. Sie müssen nicht jedem Menschen einen Gefallen tun und sind auch kein schlechter Mensch, wenn Sie mal keine Zeit haben.
- Widmen Sie sich abends bewusst schönen Dingen, die Ihnen Spaß machen. Sie können besser abschalten und finden somit einen perfekten Ausgleich zum stressigen Tag.
- Vermeiden Sie Hektik am Morgen. Stehen Sie frühzeitig auf und genießen Sie Ihr Frühstück ganz in Ruhe. Sie werden ausgeglichener in den Tag starten und Stress kann Ihnen weniger anhaben. Planen Sie für Ihre Mahlzeiten genügend Zeit ein. Bewusstes und langsames Essen wirkt sich positiv auf Ihr Wohlbefinden aus.
- Verzichten Sie einen Tag in der Woche radikal auf technische Geräte wie Smartphones, Fernseher, Computer oder Tablets. Digital Detox wird der Verzicht auf digitale Medien genannt und dient der Erholung von der stetigen Informationsflut, der wir Menschen tagtäglich ausgesetzt sind. Konzentrieren Sie sich an diesen Tagen lieber auf sich selbst und genießen Sie Ihre Ich-Zeit.
- Einen Tag lang gar nichts tun und die Seele baumeln lassen kann Ihnen helfen, Stress zu vergessen. Gönnen Sie sich einen Tag ohne Verpflichtungen und haben Sie kein schlechtes Gewissen, wenn Sie nur schlafen, lesen oder fernsehen möchten. Ab und zu benötigt die Seele eine große Auszeit und der Kopf ebenso.

Schritt 4: Achtsamkeit und intuitives Essen

Stellen Sie sich vor, Sie könnten ohne schlechtes Gewissen Ihre Mahlzeiten zu sich nehmen und würden einfach nur auf die Signale hören, die Ihr Körper Ihnen sendet. Essen wäre für Sie ein Genuss und die Vorfreude auf leckere Mahlzeiten hebt Ihre Stimmung. Wenn Sie an Binge Eating leiden, mag diese Vorstellung für Sie kaum greifbar sein. Doch auch Sie können es schaffen, wieder eine gesunde Beziehung zum Essen aufzubauen. Mit Achtsamkeit und intuitivem Essen lernen Sie, die Signale Ihres Körpers zu verstehen, und beschäftigen sich intensiv damit, welche Bedürfnisse Ihr Körper hat. Dabei wird das Essverhalten nicht negativ beurteilt. Viel eher wird der Fokus darauf gelegt, in sich hineinzuhorchen und herauszufinden, was der Körper wirklich braucht. Zudem liegt das Hauptaugenmerk beim achtsamen Essen auf der bewussten Wahrnehmung des Moments und somit auch auf dem Vorgang der Nahrungsaufnahme. Genuss kann wieder entstehen und ein gesundes Essverhalten wird etabliert. Die Nahrungsaufnahme wird somit nicht mehr mit negativen Gefühlen verbunden, sondern dient zur Verbesserung Ihrer Gesundheit und Ihres allgemeinen Wohlbefindens.

Achtsames Essverhalten hat viele positive Effekte auf den Körper und Ihre Psyche:

- Sie können das Essen mit allen Sinnen genießen und nehmen den Geschmack intensiver wahr.
- Gründliches Kauen entlastet die Verdauung und wirkt sich positiv auf die Prozesse im Körper aus, weil Ihr Körper weniger Arbeit hat.
- Sie vermeiden Stress, weil Sie sich beim Essen Zeit nehmen und Ihren Körper nicht mit Hektik und Zeitdruck überfordern.
- Essen bekommt einen anderen Stellenwert. Es dient nicht mehr zur Betäubung und Bekämpfung von negativen Gefühlen. Essen heilt Ihre Seele und hilft Ihnen, gestärkt und energiegeladen den Alltag zu bestreiten.
- Sie wählen Ihre Nahrungsmittel bewusster aus und greifen weniger zu ungesunden Lebensmitteln, weil Ihr Körper positiv auf gesunde Lebensmittel reagiert und Heißhunger kein leichtes Spiel hat.
- Sie empfinden Essen nicht mehr als Störfaktor und können sich an Ihren Mahlzeiten erfreuen.

Was bedeutet intuitives Essen?

Das Prinzip hinter einem intuitiven Essverhalten besteht darin, dass sich die Auswahl der Nahrungsmittel nach den Signalen und Bedürfnissen des Körpers richtet. Das Essverhalten soll sich durch ein achtsames und intuitives Verhalten regulieren. Auch, wenn es einfach klingt, haben viele Menschen heutzutage achtsames Essen verlernt.

Stattdessen orientieren sich die Essgewohnheiten der Menschen an emotionalen Faktoren, wie beispielsweise Stress oder Langeweile. Auch Faktoren wie erlerntes Essverhalten in der Kindheit, Kultur, Medien, Lebensmittelpreise oder bestimmte Vorbilder beeinflussen das Essverhalten der Menschen. Ohne auf das eigene Hungergefühl zu achten, werden Diäten vollzogen, Heißhungergelüste mit ungesunden Kalorienbomben gestillt und die Zeit für das Essen an sich auf ein Minimum reduziert.

Intuitives Essen bedeutet aber, die Nahrungsaufnahme zu etwas Besonderem zu machen und Lebensmittel wertzuschätzen. Auch die Auswahl der Lebensmittel soll hochwertiger und abwechslungsreicher sein, damit der Körper nur die besten Nährstoffe erhält. Ernährungsregeln werden somit überflüssig, weil Sie auf lange Sicht lernen, was Ihrem Körper guttut. Maßloses und ungesundes Essen wird dauerhaft unterbunden, da sich ein ganz natürliches Sättigungs- und Hungergefühl einstellt. Sie essen, wenn Sie Hunger haben, und beenden das Essen, wenn Sie angenehm gesättigt sind.

Ein intuitives Essverhalten ist nicht ausschließlich eine bewusstere Nahrungsaufnahme. Vielmehr ist es ein Besinnen auf die eigenen Fähigkeiten sowie das Vertrauen auf den Körper und die eigene Intuition. Einen achtsamen Umgang mit Lebensmitteln zu erlernen, ist eine gute Voraussetzung, um aus der Binge-Eating-Spirale auszubrechen und gesunde Essgewohnheiten zu entwickeln.

Bedeutung von Achtsamkeit beim Essen

Mithilfe von achtsamer Ernährung wird es Ihnen gelingen, den Zwang abzulegen, bestimmte Essensmuster an den Tag zu legen. Ist es so schlimm, mal einen Schokoriegel zu essen, wenn Sie sich hauptsächlich ausgewogen und gesund ernähren? Müssen Sie eine Diät beginnen, um Ihr Wohlfühlgewicht zu erreichen, und dafür Ihre Gesundheit aufs Spiel setzen? Die Antwort ist Nein! Allein mit einer achtsamen Ernährungsweise können Sie Ihr Gewicht halten, Gewicht verlieren und Essanfälle stoppen. Sobald Sie auf Ihren Körper hören und sich intuitiv ernähren, werden Sie auf Dauer bemerken, wie die Themen Gewicht und Heißhunger aus Ihren Gedanken verschwinden werden.

Wenn Sie Ihre gesamte Aufmerksamkeit auf den Moment der Nahrungsaufnahme richten, werden Sie erkennen, welche Lebensmittel Ihr Körper benötigt, ob Sie Hunger verspüren oder ob andere Faktoren für Ihren Appetit verantwortlich sind. Dabei stellen Sie sich unterbewusst die Frage, aus welchen Motiven Sie zum Essen greifen. Sie betrachten Ihre Situation aus einer anderen Perspektive und nehmen eine Beobachterrolle ein. Somit erhalten Sie die Kontrolle zurück und können Entscheidungen bewusster treffen. Ihr Ziel ist es, wiederkehrende Verhaltensmuster aufzudecken und aufzulösen.

Beispiel:
Sofia beschäftigt sich seit zwei Wochen mit intuitiver Ernährung. Ihr ist aufgefallen, dass sie es immer gewohnt war, den Teller leerzuessen. Obwohl Sie nach der Hälfte der Portion schon satt war, hat Sofia trotzdem weitergegessen, weil Sie es aus Ihrem Elternhaus nicht anders kennt. Jedes Kind musste seinen Teller leeressen, sonst gab es kein schönes Wetter. Das war die Begründung ihrer Eltern. Dadurch hat Sofia nie gelernt, auf Ihr Sättigungsgefühl zu hören, weshalb sie noch heute zu viel isst, bis ihr Magen schmerzt. Mittlerweile fällt es ihr leichter, auf ihr Sättigungsgefühl zu hören und die Portionen entsprechend anzupassen.

Achtsamkeit in der Ernährung bedeutet auch Selbstempathie. Das heißt, Sie achten auf Ihr Verhalten, aber verurteilen sich nicht dafür, wenn Sie eine Kleinigkeit naschen möchten. Sie dürfen sich etwas gönnen, wenn diese Belohnungen Ihr Essverhalten nicht negativ beeinflussen. Wichtig ist, dass Sie sich beim Essen wohlfühlen und sich nicht selbst kritisieren. Die vollständige Annahme Ihrer Person mit allen Stärken und Schwächen ist ein wichtiger Schritt, damit Sie sich auf intuitive Ernährung einlassen können.

Häufig werden Mahlzeiten auch zu sich genommen, ohne darüber nachzudenken. Teilweise setzt sogar das Gedächtnis aus, wenn Menschen gefragt werden, was sie zum Frühstück hatten. Sie kennen das bestimmt, wenn Sie in Eile sind und sich mal hier, mal dort einen Snack gönnen. Am Ende des Tages gehen diese Mahlzeiten unter und Ihre Gedanken waren ganz woanders. Beim achtsamen Essen jedoch ist der gegenwärtige Moment kostbar und soll intensiv erfasst und erlebt werden.

Essen kann demnach als wunderbare Achtsamkeitsübung genutzt werden. Jede Mahlzeit bekommt Ihre volle Aufmerksamkeit und Sie können dabei so viel über sich selbst lernen.

Intuitives Essen erlernen

Bevor Sie intuitives Essen anwenden können, müssen Sie sich zunächst von allen Ernährungsweisheiten befreien. Sicherlich haben Sie viele Glaubenssätze bezüglich Ihrer Ernährung im Kopf, die Sie nur schwer ablegen können. Doch diese Glaubenssätze blockieren Ihre Intuition und vermitteln ein falsches Bild von Ernährung. Essen sollte ein Genuss sein und glücklich machen. Essen sollte keinesfalls zur Qual werden oder Schuldgefühle herbeiführen.

Prinzipien der intuitiven Ernährung

- Hunger- und Sättigungsgefühl spielen eine zentrale Rolle. Achten Sie auf die Reaktionen Ihres Körpers und nehmen Sie diese bewusst wahr. Nehmen Sie Essen zu sich, wenn Sie Hunger verspüren, und beenden Sie Ihre Mahlzeiten, wenn sich ein leichtes Sättigungsgefühl zeigt. Versuchen Sie, das Völlegefühl zu vermeiden, indem Sie immer wieder innehalten und auf Ihr Sättigungsgefühl warten. Legen Sie zwischendurch Ihr Besteck beiseite und legen Sie eine kurze Esspause ein. Der Magen kann Ihrem Gehirn schon jetzt ein leichtes Sättigungsgefühl senden.

• Bevor Sie zu Lebensmitteln greifen, stellen Sie sich die Frage: „Habe ich wirklich Hunger?" Sind vielleicht emotionale Gründe für den Hunger verantwortlich und möchten Sie negative Gefühle mit dem Essen verdrängen?

• Verabschieden Sie sich von Verboten. Es ist Ihnen erlaubt, zu jedem Lebensmittel zu greifen, und Sie dürfen auch zu jeder Tageszeit etwas zu sich nehmen. Es gibt keine Einschränkungen oder Pflichten. Lebensmittel werden nicht in die Kategorien „Gut" und „Böse" eingeteilt.

• Nachdem Sie ein Lebensmittel verzehrt haben, sollten Sie in sich hineinhorchen und wahrnehmen, ob Sie diese Mahlzeit gut vertragen haben. Fühlen Sie sich nach dem Essen schlecht, macht Ihnen Ihre Verdauung zu schaffen oder ist Ihr Körper kraftlos, überdenken Sie Ihre Mahlzeiten. Ihr Körper gibt Ihnen wichtige Anhaltspunkte, was er möchte und womit er auch im Nachhinein noch zu kämpfen hat.

• Lösen Sie sich von Diäten und starren Ernährungsregeln. Wenn Sie nicht gerade aus gesundheitlichen Gründen vom Arzt eine Diät auferlegt bekommen haben oder aus tiefster Überzeugung Vegetarier oder Veganer sind, sollten Sie keine Lebensmittel von Ihrem Speiseplan streichen. Eine genussvolle und ausgewogene Ernährung sollte in jedem Fall im Vordergrund stehen und Ihre Bedürfnisse befriedigen. Der wohltuende Effekt des Essens soll Ihnen wieder ins Gedächtnis gerufen werden.

• Lernen Sie, Ihren Körper und Ihre Vorlieben zu akzeptieren. Sie können nicht ohne Schokolade leben? Das müssen Sie auch gar nicht. Gönnen Sie sich zum Nachtisch ein kleines Stück. Sie sind nicht unbedingt ein Obstliebhaber? Dann versuchen Sie Obst so zu verarbeiten, dass es zu Ihren Vorlieben passt. Jeder Mensch hat einen individuellen Geschmack und danach sollten Sie Ihren Speiseplan auch ausrichten. Es nützt Ihnen nichts, das Ernährungsverhalten von anderen Menschen zu übernehmen, wenn es Ihnen und Ihrem Körper damit nicht gut geht.

• Vermeiden Sie, Nahrungsmittel als Trostspender einzusetzen. Es gibt andere Möglichkeiten, Ihre Stimmung zu verbessern. Sobald Sie merken, dass Sie ohne Hunger zum Essen greifen, formen Sie in Gedanken ein Stoppschild. Setzen Sie auf ablenkende Aktivitäten oder trinken Sie ein Glas Wasser.

• Für jede Mahlzeit planen Sie ausreichend Zeit ein. Vermeiden Sie es, im Stehen oder Gehen zu essen. Setzen Sie sich hin und fokussieren Sie sich auf Ihre Mahlzeit. Entfernen Sie jegliche Störfaktoren wie Handy oder Tablet und konzentrieren Sie sich ausschließlich auf Ihre Nahrungsaufnahme.

- Kauen Sie gründlich und schlingen Sie Ihre Mahlzeiten nicht in Eile herunter. Nehmen Sie kleine Bissen und versuchen Sie, so lange wie möglich zu kauen. Erst, wenn aus Ihrem Bissen eine breiige Masse entstanden ist, schlucken Sie diese herunter. Das entlastet Ihren Magen und die Verdauung wird Ihnen später keine Probleme machen. Außerdem nehmen Sie den Geschmack der Lebensmittel intensiver wahr, wenn Sie lange kauen.
- Es gibt keine Schuldgefühle oder Reue beim Essen. Verurteilen Sie sich nicht für Ihre Mahlzeit und achten Sie darauf, dass Ihre Mitmenschen ebenso einfühlsam sind. Verabschieden Sie sich von Ihrem schlechten Gewissen und erfreuen Sie sich an Ihrer köstlichen Mahlzeit.
- Integrieren Sie Meditations- und Achtsamkeitstechniken in Ihren Alltag, um Ihnen die Umstellung auf intuitive Ernährung zu erleichtern. Verbessern Sie Ihr Körpergefühl, indem Sie mehr Bewegung in Form von Sport oder Gymnastikübungen in Ihren Alltag bringen. Das kurbelt Ihren Stoffwechsel an und hilft dabei, Nährstoffe besser zu verarbeiten.
- Haben Sie Geduld. Eine Ernährungsumstellung braucht Zeit. Sie müssen erst wieder lernen, Ihre Intuition richtig zu deuten und Ihren Körper auf die Veränderung einzustellen. Neue Gewohnheiten stellen sich nicht nach ein paar Tagen ein, sondern können Wochen oder Monate brauchen. Planen Sie diesen Umstand in Ihre Ernährungsumstellung ein.
- Überkommen Sie dennoch Schuldgefühle oder schämen Sie sich, weil Sie in alte Muster verfallen sind, sollten Sie diese Gedanken schnell beiseiteschieben. Haken Sie den Heißhungeranfall ab und konzentrieren Sie sich wieder auf Ihr Vorhaben. Üben Sie sich in Akzeptanz und seien Sie gnädig mit sich, wenn Sie einmal der Appetit überkommt.

Genussvolles Essen ohne Schuldgefühle

Einfach essen, worauf Sie Lust haben, ganz ohne Schuldgefühle. Für viele Menschen ist diese Vorstellung nicht umsetzbar. Essen mit Genuss wird automatisch mit maßlosem Schlemmen gleichgesetzt. Das schlechte Gewissen meldet sich, sobald auch nur ein paar Kalorien zu viel auf dem Teller landen. Dabei hat genussvolles Essen nichts mit Völlerei zu tun. Viele Menschen verbinden die Nahrungsaufnahme mit negativen Gefühlen. Dies ist besonders bei Menschen zu beobachten, die emotionales Essen an den Tag legen. Nicht nur Menschen mit Essstörungen haben ein schwieriges Verhältnis zum Essen, auch gesunde Menschen geraten häufig in einen Gewissenskonflikt, wenn es um die Ernährung geht. Daran schuld sind viele verschiedene Faktoren. Zum einen tragen die Medien dazu bei, dass ein bestimmtes Schönheitsideal verbreitet wird, zum anderen sind es auch erlernte Verhaltensweisen aus der Kindheit, die ein schlechtes Gewissen hervorrufen, wenn es um Naschereien geht. Gerade Menschen, die von Natur aus perfektionistisch veranlagt sind, schämen sich, sobald sie bei der Ernährung einen vermeintlichen Fehler begehen. In unserer Gesellschaft entstehen zunehmend unrealistische Erwartungen, die kaum jemand erfüllen kann. Dennoch versuchen viele Menschen, dem gerecht zu werden, und stürzen sich in ungesunde Verhaltensweisen, die auch die Ernährung betreffen. Kommt es dann zum persönlichen Scheitern, entstehen Schuld- und Schamgefühle, die sich negativ auf das Ernährungsverhalten auswirken. Daraus können neben Essstörungen auch Depressionen, Zwangsstörungen, Angstzustände oder andere psychische Störungen hervorgehen.

Um Schuldgefühlen in der Ernährung keine Chance zu geben, können Sie die folgenden Tipps beherzigen:

- Achten Sie darauf, welchen inneren Dialog Sie mit sich führen. Wie oft reden Sie sich ein schlechtes Gewissen ein, wenn es um Ihre Ernährung geht? Welche Glaubenssätze haben sich in Ihnen verfestigt, sobald Sie an Ihre Ernährung denken? Vermeiden Sie Formulierungen wie „Ich sollte" oder „Ich darf nicht". Diese Formulierungen fördern Schuldgefühle, sobald Sie Ihre eigenen Erwartungen nicht erfüllen können. Achten Sie vermehrt darauf, wie und wann Ihr innerer Kritiker mit Ihnen spricht. So können Sie herausfinden, welche Ursachen hinter Ihrem Essverhalten stecken. Sind beispielsweise soziale Medien daran schuld, dass Sie auf Kohlenhydrate verzichten, weil Sie es dort gelesen haben? Oder machen Ihnen negative Kommentare von anderen Menschen zu schaffen, die Ihre Ernährungsweise kritisieren? Beobachten Sie Ihre Gedanken und fragen Sie sich, weshalb Sie in der Ernährung nach bestimmten Vorschriften handeln.
- Konfrontieren Sie sich selbst mit Ihren Gefühlen und notieren Sie, wie Sie zu bestimmten Lebensmitteln stehen. Teilen Sie dabei die Lebensmittel in drei Kategorien ein. Grüne Lebensmittel verzehren Sie ohne schlechtes Gewissen. Bei gelben Lebensmitteln zögern Sie oft und sind sich unsicher, ob Sie diese essen dürfen. Rote Lebensmittel sind all jene Lebensmittel, auf die Sie verzichten, weil diese in Ihnen negative Reaktionen hervorrufen. Integrieren Sie dann kleine Portionsgrößen der gelben Lebensmittel in Ihren Speiseplan. Achten Sie dabei stets auf Ihre Gefühle und notieren Sie diese. Wenn Sie mutiger werden, gehen Sie zu den Lebensmitteln aus dem roten Bereich über. Verfahren Sie hier genauso. Sie werden merken, dass es auf die Portionsgröße ankommt und sich die Gesundheit oder das Gewicht Ihres Körpers nicht verändert, wenn Sie gelbe und rote Lebensmittel in Maßen zu sich nehmen. Solange Sie sich ausgewogen ernähren, dürfen auch Sie sich ab und zu etwas gönnen.

- Bevor Sie mit dem Essen beginnen, halten Sie einen kurzen Moment inne und betrachten Sie Ihre Mahlzeit. Nehmen Sie den Geruch, das Aussehen und die Konsistenz wahr. Beschäftigen Sie sich bewusst mit den köstlichen Lebensmitteln, auf die sich Ihr Körper nun freuen darf. Während der Nahrungsaufnahme beobachten Sie Ihre Gefühle. Wie verändert sich Ihre Laune und welche Gedanken schießen Ihnen dabei in den Kopf? Ist es möglich, dass Sie sich über Ihr Essen freuen können, oder können Sie nur an die Kalorien denken?
- Nehmen Sie Abstand von Social-Media-Accounts, bei denen es sich nur um perfekte Schönheitsideale dreht. Auch sollten Sie keine Zeitschriften lesen, die Sie mit Diätratschlägen überfordern. Verlassen Sie sich bei Ihrer Ernährung nur auf Ihre Intuition und hören Sie auf Ihren Körper. Versuchen Sie, jegliche Einflüsse zu reduzieren, die bei Ihnen in Bezug auf Ihre Ernährung ein schlechtes Gewissen herbeiführen. Idealisierte Vorstellungen von außen können Ihr Essverhalten manipulieren, ohne dass Sie es merken.
- Verändern Sie Ihre innere Haltung und reden Sie mit sich selbst so, als wenn Sie einen guten Freund vor sich hätten. Niemals würden Sie mit jemandem, den Sie mögen, schlecht umgehen. Warum sollten Sie mit sich selbst so verfahren? Üben Sie, sich selbst Mitgefühl und Verständnis entgegenzubringen. Das kann dazu beitragen, Schuldgefühle zu verringern und mehr Selbstvertrauen zu entwickeln. Wechseln Sie die Perspektive, wenn Sie das nächste Mal eine negative Haltung gegenüber sich selbst entwickeln. Sie sind nicht weniger wert, wenn Sie anstatt zu Gemüse zu einem Keks greifen.

Aufgabe:
Beantworten Sie die folgenden Fragen und notieren Sie Ihre Antworten in Ihrem Ernährungstagebuch. Möglicherweise erkennen Sie die Gründe für Ihre Schuldgefühle und lernen etwas über Ihre persönlichen Glaubenssätze.

- Wann haben Sie sich das letzte Mal beim Essen schuldig gefühlt?
- Warum haben Sie sich schuldig gefühlt?
- Was glauben Sie, falsch gemacht zu haben?
- Welche Faktoren haben dazu beigetragen, dass Sie sich schuldig fühlen?
- Wie können Sie in Zukunft Schuldgefühle beim Essen vermeiden?
- Wie soll Ihr zukünftiges Essverhalten aussehen?

Schritt 5: Körperliche Aktivität und Bewegung

Vorteile regelmäßiger Bewegung

Der Körper benötigt nicht nur eine ausgewogene Ernährung, um gesund zu bleiben. Auch regelmäßige körperliche Aktivitäten fördern die Gesundheit und Vitalität. Schon leichte sportliche Aktivitäten helfen dabei, das Immunsystem zu stärken, und wirken sich positiv auf das allgemeine Wohlbefinden aus.

Warum Sport wichtig für Ihren Körper ist

Für einen gesunden Lebensstil ist Sport von großer Bedeutung. Wenn Sie sich regelmäßig auspowern, stärken Sie Ihr Immunsystem, beugen Krankheiten vor und verbessern das Herz-Kreislauf-System Ihres Körpers.

Ein regelmäßiges Training, bei dem Sie sich etwas anstrengen müssen, ist auch gleichzeitig ein gutes Training für Ihr Herz. Der Herzmuskel wird mit jeder Sporteinheit kräftiger und besser durchblutet. Blutgefäße erhalten mehr Elastizität und es tritt ein verringerter Widerstand in den Gefäßen ein, was wiederum das Risiko für Bluthochdruck mindert. Regelmäßiger Sport hat außerdem positive Auswirkungen auf den Cholesterinspiegel, welcher bei zu hohen Werten zu Gefäßablagerungen und damit zu einem Herzinfarkt oder Schlaganfall führen kann.

Sport fördert zudem die Neubildung der Knochensubstanz und beugt einem Abbau der Knochendichte vor. Dies wird besonders ab einem Alter von 30 bis 40 Jahren immer wichtiger. Mit sportlicher Betätigung kann demnach Osteoporose vermieden werden. Krankheiten wie Diabetes oder Krebs können Sie ebenfalls durch einen sportlichen Lebensstil vorbeugen.

Nicht nur für die körperlichen Prozesse sind sportliche Aktivitäten förderlich. Auch das Gehirn profitiert von regelmäßiger Bewegung. Eine stärkere Durchblutung des Gehirns führt automatisch zu einer Steigerung kognitiver Fähigkeiten. Die Neubildung von Nervenzellen, die optimale Versorgung mit Sauerstoff und Nährstoffen sowie die Steigerung der Konzentration und des Gedächtnisses sind weitere positive Auswirkungen, die durch Sport erzielt werden können. Zudem wird die psychische Gesundheit gestärkt, weil im Körper die Hormone Dopamin und Serotonin freigesetzt werden, welche für Zufriedenheit und Wohlbefinden verantwortlich sind.

Es kommt bei der Ausübung des Sports immer darauf an, in welcher Intensität und Dauer dieser ausgeführt wird. Dabei sollte sich immer nach der persönlichen Fitness gerichtet und auf die Signale des Körpers geachtet werden. Ein auf Ihre Bedürfnisse angepasstes Sportpensum trägt dazu bei, Ihre Gesundheit bestmöglich zu erhalten und gegebenenfalls zu verbessern.

Wie können Sie Sport in Ihren Alltag integrieren?

Bevor Sie mit Ihrem Sportprogramm beginnen, kommt es darauf an, in welcher körperlichen Verfassung Sie sich befinden und ob Sie über längere Zeit keinen Sport mehr betrieben haben. Zusätzlich sollten Sie sich nicht unüberlegt in ein Sportprogramm stürzen, ohne dieses mit einem Arzt abgeklärt zu haben. Dies betrifft besonders Menschen mit Übergewicht oder Essstörungen. Denn auch hier kann Sport mehr schaden als nützen, wenn Sie diesen nicht korrekt ausführen.

Folgende Faktoren sollten Sie in der Anfangszeit berücksichtigen, wenn Sie sich sportlich betätigen möchten:

- Wenn Sie übergewichtig sind oder bereits ein erhöhtes Risiko für Krankheiten mitbringen, empfiehlt sich vorab ein Gesundheitscheck beim Arzt. Dieser kann Ihnen eine Empfehlung für geeignete Sportarten geben und Sie während Ihres Vorhabens dauerhaft unterstützen.
- Zu Beginn ist ein moderates Training sinnvoll, welches Ihren Körper zwar fordert, aber nicht überfordert. Die Anstrengung sollte zu spüren sein, darf Ihnen aber nicht das Gefühl vermitteln, vor einer unüberwindbaren Herausforderung zu stehen. Vielleicht haben Sie auch die Möglichkeit, unter Anleitung zu beginnen, und finden einen geeigneten Sportverein, Sportkurs oder Trainer.
- Vermeiden Sie Überbelastung und steigern Sie sich lieber von Training zu Training, anstatt mit Vollgas Ihre komplette Energie zu verbrauchen. Es ist gesünder, langsam zu beginnen und Ihrem Körper Zeit zu geben, sich an die neuen Bedingungen zu gewöhnen.
- Gönnen Sie sich nach jeder Trainingseinheit ausreichend Erholung und übergehen Sie diesen Schritt keinesfalls. Ihr Körper benötigt Pausen, um sich wieder regenerieren zu können. Sie riskieren sonst Verletzungen, die Ihren Körper zusätzlich belasten können.
- Sport sollte bei Erkältungen oder anderen akuten Erkrankungen grundsätzlich pausieren. Ihr Körper hat in dieser Zeit mit Erregern zu kämpfen und sollte nicht mit zusätzlicher Anstrengung überfordert werden. Erst, wenn Sie genesen sind, sollten Sie Ihr Sportprogramm wiederaufnehmen.
- Um Verletzungen vorzubeugen, dürfen Sie keinesfalls die Aufwärmphase überspringen. Dehnen und Aufwärmen dienen zur Prävention und bereiten die Muskeln auf das bevorstehende Training vor. Ohne diese Maßnahmen steigt das Risiko für Muskelkater oder schlimmere Verletzungen, die Ihr Training dauerhaft beeinträchtigen können.

- Sport sollte nie aus Zwang vollzogen werden. Ohne Motivation und Spaß werden Sie nicht lange durchhalten. Gestalten Sie Ihr Sportprogramm deshalb so, dass Sie sich darauf freuen. Hören Sie beim Training Ihre Lieblingsmusik oder trainieren Sie mit Freunden. Das hebt die Laune und motiviert, weil der Spaßfaktor nicht zu kurz kommt.
- Bleiben Sie am Ball, indem Sie Sport nebenbei in Ihren Alltag integrieren. Setzen Sie auf regelmäßige Trainingszeiten, die Ihren Alltag nicht beeinträchtigen. Sobald Ihr Training zur Routine geworden ist, werden Sie auf Ihren Sport nicht verzichten wollen.

Vielleicht gehören Sie zu den Menschen, denen es schwerfällt, ein Sportprogramm durchzuhalten oder sich mit einer Sportart anzufreunden. Den inneren Schweinehund zu überwinden, ist eine große Herausforderung, gerade, wenn die Zeit knapp ist und die wertvolle Zeit nach dem Job gut eingeteilt werden will. Es ist verständlich, dass Sie sich lieber ausruhen möchten, anstatt nach einem stressigen Tag noch einmal auf Hochtouren zu kommen. Für viele Menschen ist zusätzliche Bewegung deshalb zum Fremdwort geworden – obwohl der Mensch eigentlich nicht dafür gemacht ist, dauerhaft zu sitzen oder herumzuliegen. Diese Bequemlichkeit kann aber mit kleinen Tricks durchbrochen werden und Sie wieder dazu motivieren, Schritt für Schritt aktiver zu werden.

Sie müssen sich dennoch keinesfalls dazu gedrängt fühlen, jeden Tag um den Block zu joggen oder nach der Arbeit ins Fitnessstudio zu gehen, wenn Ihnen dies überhaupt nicht liegt. Keinesfalls sollten Sie zu hohe Erwartungen an sich selbst stellen, weil dies für Ihre Motivation eher kontraproduktiv sein kann. Vielmehr sollten Sie überlegen, welche Möglichkeiten sich Ihnen bieten, mehr Bewegung in Ihren Alltag zu integrieren. Schon kleine Veränderungen können zu einem gesünderen Lebensstil beitragen. Auch ohne großen Aufwand kann es Ihnen gelingen, nebenbei einen Mehrwert für Ihre Gesundheit zu schaffen. Beherzigen Sie diese Tipps im Alltag, werden Sie schnell einen Unterschied feststellen können und sogar noch mehr Lust auf körperliche Aktivitäten bekommen.

Ideen für mehr Bewegung im Alltag

- Lassen Sie Ihr Auto stehen und absolvieren Sie möglichst viele Strecken zu Fuß oder mit dem Fahrrad. Heutzutage verlassen sich die Menschen zu sehr auf das Auto und tun damit ihrem Körper keinen Gefallen. Wenn Sie nicht gerade einen Großeinkauf transportieren müssen, können Sie den Einkauf im Supermarkt zu Fuß oder per Rad erledigen. Das Tragen der Einkäufe trainiert Ihre Muskeln, stärkt den Rücken und verbessert Ihre Ausdauer.
- Wenn Sie mit öffentlichen Verkehrsmitteln unterwegs sind, können Sie eine Station früher aussteigen und den restlichen Weg zu Fuß hinter sich bringen.

- Gewöhnen Sie sich an, im Job regelmäßige Pausen einzulegen, in denen Sie sich strecken und dehnen. Spazieren Sie herum, anstatt sich hinzusetzen, und gleichen Sie die fehlende Bewegung, besonders bei Bürotätigkeiten, durch kleinere Gymnastikübungen aus.
- Bei einem Telefonat können Sie beispielsweise herumspazieren oder Dehnübungen machen.
- Verändern Sie regelmäßig Ihre Arbeitshaltung, indem Sie mal im Stehen oder mal im Sitzen Ihrer Tätigkeit nachgehen.
- Nutzen Sie anstatt der Rolltreppe oder des Fahrstuhls die Treppe. Beim Treppensteigen können Sie das Tempo auf Ihre Bedürfnisse anpassen und Ihre Beinmuskulatur trainieren.
- Legen Sie beim Reinigen der Wohnung Ihre Lieblingsmusik auf und tanzen Sie dabei. Dabei macht der Hausputz viel mehr Spaß und Ihr Körper kommt noch mehr in Bewegung.
- Verabreden Sie sich mit Freunden zur Abwechslung mal nicht im Café, sondern zum Sport. Das verbessert Ihre Motivation und schweißt Sie als Freunde noch mehr zusammen.
- Tauschen Sie Ihren Bürostuhl gegen einen Gymnastikball. Mit diesem können Sie in den Pausen auch gleich Ihre Gymnastikübungen durchführen.
- Um Ihren Körper auf Touren zu bringen, können Sie vor der Arbeit eine kurze Runde an der frischen Luft spazieren gehen. Gleiches gilt für Hundebesitzer, welche vor der Arbeit noch mit ihrem Hund Gassi gehen können.
- Nutzen Sie Fitnesstracker und setzen Sie sich das Ziel, eine bestimmte Anzahl an Schritten pro Tag zu absolvieren. Sie können Ihr Pensum regelmäßig steigern und kontrollieren, ob Sie Ihr Ziel erreichen konnten.
- Bleiben Sie in Ihrer Mittagspause nicht am Esstisch sitzen. Spazieren Sie lieber durch die Natur und tanken Sie frische Luft. Das fördert zudem Ihre Konzentration und schenkt Ihnen neue Energie.
- Müssen Sie an der Bushaltestelle oder beim Arzt warten, können Sie Ihre Muskeln rhythmisch anspannen und wieder lösen. Diese Übung eignet sich besonders gut für die Po- und Bauchmuskulatur.
- Absolvieren Sie nach dem Aufstehen kurze Gymnastikübungen. Diese kurbeln Ihren Stoffwechsel an und vertreiben Müdigkeit.
- Versuchen Sie, bei alltäglichen Aufgaben kurze Sporteinheiten zu integrieren, z. B. Kniebeugen beim Zähneputzen oder Gleichgewichtsübungen beim Kochen. Überlegen Sie sich, wie Sie Ihren Körper täglich herausfordern können.
- Wenn Sie abends Ihre Lieblingsserie schauen, können Sie gleichzeitig Sportübungen absolvieren. Ein Heimtrainer leistet hier ebenfalls gute Dienste.
- Joggen Sie zur Arbeit, anstatt mit dem Auto zu fahren.

- Überlegen Sie sich für jeden Tag eine kleine Challenge, bei der Sie mehr Bewegung in Ihren Alltag bringen. Am ersten Tag fahren Sie nur mit dem Fahrrad, am zweiten Tag laufen Sie Umwege, um auf eine bestimmte Schrittzahl zu kommen, und am dritten Tag beschleunigen Sie Ihre Schrittgeschwindigkeit usw.

Wie kann Bewegung bei Binge Eating helfen?

Bewegung verbessert das eigene Körpergefühl und hilft dabei, Stress abzubauen. Binge Eating ist gekennzeichnet durch Essattacken, die für Betroffene sehr belastend sein können. Gerade in Stresssituationen greifen Betroffene vermehrt zum Essen, anstatt die Anspannung im Körper mit anderen Mitteln zu verringern. Hier fehlt es oft an alternativen Methoden, Heißhungeranfällen sinnvoll zu begegnen. Leichte körperliche Betätigung kann hier bereits einen Großteil des Stresses verringern und als Ablenkung dienen. Gemeint sind hiermit leichte Sportarten wie Yoga, Pilates, Schwimmen oder Dehnübungen. Aber auch Spaziergänge eignen sich hervorragend, um die körperliche Fitness zu verbessern und das eigene Körpergefühl zu stärken. Selbstverständlich sind auch Sportarten geeignet, die mit einer erhöhten Aktivität einhergehen. Hierzu zählen Mannschaftssportarten wie Fußball, Basketball oder Volleyball. Ebenso sind Kampfsportarten wie Kickboxen zum Stressabbau sehr gut geeignet. Selbst, wenn für Sie nur ein moderates Training in Frage kommt, haben Sie damit schon viel gewonnen. Das Ziel der körperlichen Betätigung sollte es in erster Linie sein, Ihre Psyche zu stärken und mehr Selbstvertrauen zu gewinnen. Zudem soll der Spaß an der Bewegung Ihnen Lebensfreude schenken und Ihren Körper von der Binge-Eating-Erkrankung heilen. Der Sport ist nicht dazu da, um überschüssige Kalorien zu verbrennen oder Gewicht zu reduzieren. Darum geht es in diesem Falle nicht. Sport soll als Ventil genutzt werden, um Stress auf gesunde Art und Weise zu kompensieren und nicht wieder in schädliche Verhaltensmuster zu verfallen. Nette Nebeneffekte sind die Verbesserung der eigenen Fitness sowie ein bewussterer Umgang mit dem eigenen Körpergefühl.

Vermeidung von zwanghaftem Training

Keinesfalls sollte Sport übermäßig eingesetzt werden, um gegen Essanfälle vorzugehen. Hier ist das Risiko zu hoch, sich noch mehr in die Essstörung hineinzusteigern. Exzessiver Sport kann hier zu einer Verstärkung der Symptome führen und den Fokus zu stark auf das eigene Körperbild legen. Besser ist es, wenn Sie sich langsam herantasten und Ihr persönliches Wohlfühlsportprogramm entwickeln. Dafür müssen Sie überlegen, welche Sportart für Sie geeignet ist und bis zu welcher Grenze Sie gehen können, ohne zu übertreiben. Um einem zwanghaften Sportverhalten vorzubeugen, müssen Sie sich ins Gedächtnis rufen, dass Sport für Sie nicht als Diätmaßnahme oder Leistungssteigerung dienen soll. Häufig wird Sport aus genau diesen Gründen eingesetzt und der gesundheitliche Aspekt in den Hintergrund gedrängt. Die Folge kann ein übermäßiger Einsatz von sportlicher Aktivität sein, der alles andere als gesund ist. Zur Essstörung kann sich demnach noch eine regelrechte Sportsucht dazugesellen und dies sollte unbedingt vermieden werden. Sport sollte den Körper in seinen Prozessen unterstützen, als vorbeugende Maßnahme gegen Krankheiten vollzogen werden und der Verbesserung des Wohlbefindens dienen.

So etablieren Sie ein gesundes Sportprogramm

- Steigern Sie Ihr Sportpensum in einem langsamen Tempo. Damit vermeiden Sie es, Ihren Körper zu überfordern.
- Regeneration nach dem Sport ist wichtig. Die Muskeln und der Körper müssen sich nach der Trainingszeit erholen können. Es empfiehlt sich, mindestens einen Tag zu warten, bevor Sie mit dem nächsten Training beginnen.
- Gönnen Sie sich ausreichend Schlaf und achten Sie darauf, dass Sie mindestens sieben bis acht Stunden schlafen. In dieser Zeit kann Ihr Körper wieder Energie tanken und sich erholen.
- Planen Sie Ihre Trainingseinheiten und beenden Sie Ihr Training, sobald Sie Ihr Tagesziel erreicht haben. Es ist zwar großartig, wenn Sie über sich hinauswachsen, aber die Vernunft sollte dennoch überwiegen. Sie können trotzdem kleinere Herausforderungen einplanen und versuchen, diese zu erreichen.
- Während der Regenerationstage können Sie unterschiedliche Entspannungstechniken ausführen, welche die Erholung Ihres Körpers zusätzlich fördern.
- Um ein Übertraining zu vermeiden, sollten sich Trainingstage und Regenerationstage die Waage halten.
- Achten Sie unbedingt auf die Signale Ihres Körpers während und nach dem Training. Bei den folgenden Symptomen sollten Sie das Training in jedem Fall aussetzen und sich ausgiebig erholen:
- starker Muskelkater
- Erschöpfung
- Leistungsabfall
- innere Unruhe und Nervosität
- Kopfschmerzen
- Verdauungsprobleme
- Reizbarkeit und Aggressionen
- hoher oder niedriger Ruhepuls
- depressive Verstimmung
- Unkonzentriertheit

Eine Aktivität finden, die Spaß macht

Jeder Mensch kann seine Leidenschaft finden, auch beim Sport. Selbst, wenn Sie sich als unsportlichen Menschen einordnen würden, gibt es in jedem Fall eine Sportart, die Ihren Bedürfnissen gerecht wird. Ob Sie dabei lieber drinnen oder draußen Sport treiben, ist zunächst einmal unerheblich. Wichtig ist, dass Sie eine Aktivität finden, die Ihnen Spaß macht und Sie nicht überfordert. Motivation und Spaß sollten im Vordergrund stehen. Dabei sollten Sie sich keineswegs mit anderen Menschen vergleichen. Wenn Sie mit körperlicher Betätigung beginnen, gibt es keine Anforderungen, die Sie erfüllen müssen. Erzeugen Sie Druck, wird Ihnen keine Sportart Freude bringen. Das Problem heutzutage ist, dass viele Menschen denken, sie müssten beim Sport Höchstleistungen vollbringen. Das hängt mit unserer Leistungsgesellschaft zusammen, welche suggeriert, dass ein Mensch nur etwas wert ist, wenn er den bestmöglichen Erfolg erzielt. Doch das ist schlichtweg falsch. Sie müssen sich dabei wohlfühlen und tun etwas für Ihre Gesundheit, egal, wie klein der Einsatz ist.

Um herauszufinden, welche Sportart für Sie in Frage kommt, können Sie auf die folgenden Fragen zurückgreifen und sich ein erstes Bild dazu machen:

- Welche Sportart möchten Sie gerne ausprobieren?
- Was möchten Sie erreichen?
- Welche Interessen haben Sie?
- Zu welchen Zeiten können Sie Sport treiben?
- Welche Sportart können Sie gut in Ihren Alltag integrieren?
- Gibt es eine Sportart, die Sie früher gern betrieben haben und neu aufleben lassen möchten?
- Welche Sportart möchten Sie eher meiden?

Es gibt eine Vielzahl an Sportarten, die sich für Einsteiger eignen. Hier sehen Sie eine kleine Auswahl über Ihre Möglichkeiten. Berücksichtigen sollten Sie hierbei immer Ihre eigenen Interessen, damit später nicht die Motivation verloren geht und Sie auch dauerhaft am Ball bleiben.

Nordic Walking

Mit Wanderstöcken bewaffnet, ziehen Sie los und walken durch die Landschaft. Nordic Walking ist eine beliebte Ausdauersportart, die sich sehr gut für Anfänger eignet, da sie die Muskeln effektiv trainiert und dabei die Gelenke schont. Wanderstöcke und passendes Schuhwerk sind wichtige Ausrüstungsgegenstände, auf die sich das Hauptaugenmerk richtet. Die Stöcke sollten Ihrer Körpergröße angepasst und die Schuhe müssen bequem und stützend zugleich sein. Für den Einstieg empfiehlt es sich, die korrekte Technik zu erlernen. Sie vermeiden so Fehlbelastungen in den Gelenken. Außerdem sollten Sie nicht sofort in bergiger Landschaft beginnen. Für den Anfang reicht ein einfacher Bürgersteigweg aus. Steigern Sie kontinuierlich Ihr Tempo und die Distanz, damit Ihr Körper gefordert wird.

Vorteile:
Nordic Walking verbessert die Ausdauer, Koordination sowie das Herz-Kreislauf-System.

Schwimmen

Vor allem an heißen Tagen macht Schwimmen besonders viel Spaß. Neben der erfrischenden Abkühlung können Sie sich nicht nur mit einem Schwimmtraining die Zeit vertreiben, sondern auch Ihre Gesundheit verbessern. Wenn Sie im Wasser unsicher sind, können Sie einen Schwimmkurs besuchen, der Ihnen dabei hilft, Ihre Schwimmtechnik und das Vertrauen in Ihre Fähigkeiten auszubauen. Das Schöne am Schwimmen ist, dass Sie selbst bestimmen können, welche Schwimmtechnik Sie durchführen möchten. Auch hier gilt wieder, auf die Signale des Körpers zu achten und sich nicht zu überfordern.

Vorteile:
Schwimmen ist gelenkschonend, weil der Körper durch den Auftrieb im Wasser weniger belastet wird. Zudem wirkt sich regelmäßiges Schwimmen positiv auf die Rückengesundheit aus, trainiert die Muskelkraft sowie Ausdauer und Beweglichkeit des gesamten Körpers.

Radfahren

Radfahren kann nebenbei in Ihren Alltag integriert werden und trainiert Ihre Fitness ohne viel Aufwand. Sie benötigen lediglich ein sicheres Fahrrad und einen Fahrradhelm. Schon kann es losgehen. Fahrradfahren ist eine gute Möglichkeit, sich mit Freunden zu verabreden und eine gemeinsame Fahrradtour zu planen. Die körperliche Aktivität wird, je nachdem, wo Sie sich befinden, mit herrlichen Naturaussichten belohnt.

Vorteile:
Als umweltfreundliche Alternative zum Auto punktet Fahrradfahren auch mit seiner Flexibilität und Effektivität. Die Fahrt zur Arbeit oder zum Bäcker kann mal eben zur Trainingseinheit werden und Ihren Körper auf Touren bringen. Als Ausdauertraining belastet Fahrradfahren kaum die Gelenke, weil Sie die Intensität des Trainings selbst steuern können.

Pilates

Bei Pilates geht es um ein Ganzkörpertraining, welches sich hauptsächlich auf die Körpermitte konzentriert. Dabei werden gezielte Muskelgruppen trainiert und die Atmung geschult. Wichtig beim Pilates-Training ist die kontrollierte Ausführung der Übungen, damit auch Muskelgruppen trainiert werden, die sonst nicht beansprucht werden.

Vorteile:
Pilates verbessert das Koordinationsvermögen, schult die eigene Körperwahrnehmung und trainiert zudem die Muskeln. Außerdem wird durch Dehnübungen und Atemtechniken die Balance im Körper wiederhergestellt. Pilates ist zudem gelenkschonend, beugt Muskelverspannungen sowie Rückenproblemen vor und hilft dabei, die Körperhaltung zu verbessern.

Yoga

Yoga ist eine einzigartige Praxis aus Indien, bei der es nicht nur auf das körperliche Training ankommt. Es gibt eine Vielzahl an Halteposen, welche unterschiedliche Bereiche des Körpers trainieren, gleichzeitig aber auch den Geist fordern. Die Asanas, wie die Übungen genannt werden, zielen auch darauf ab, Körper und Geist zusammenzuführen. Yoga kann in jedem Alter sowie in jeder körperlichen Verfassung praktiziert werden.

Vorteile:
Yoga wirkt nicht nur kräftigend auf den Körper, sondern entspannt auch die Seele. Regelmäßiges Yoga-Training erhöht die Flexibilität und Beweglichkeit des Körpers. Ebenso hilft Yoga beim Stressabbau, verbessert die Körperhaltung und stärkt die Muskeln.

Wandern

Für Naturliebhaber ist Wandern die ideale Sportart. Körperlich aktiv zu sein und gleichzeitig die Natur zu genießen, ist die perfekte Kombination für Menschen, die sich gerne draußen aufhalten. Zum Wandern werden geeignetes Schuhwerk und wetterabhängige Kleidung benötigt. Das Tempo und die Intensität der Strecke können individuell angepasst werden. Wandern kann allein oder als Mitglied im Verein durchgeführt werden.

Vorteile:
Der Aufenthalt an der frischen Luft ist belebend und bringt den Körper in Schwung. Wandern ist geeignet für alle Altersklassen und stärkt das Immunsystem. Zudem hilft Wandern dabei, die Beweglichkeit des Körpers zu erhalten. Wenn auf geeignete Strecken und korrektes Schuhwerk geachtet wird, besteht beim Wandern ein geringes Verletzungsrisiko. Neben der Förderung

der körperlichen Gesundheit lassen sich beim Wandern auch viele interessante Orte entdecken.

Joggen

Joggen ist eine Ausdauersportart, die nahezu jeder Mensch praktizieren kann, wenn er sich mit der richtigen Technik vertraut gemacht hat. Beim Joggen kommt es darauf an, mit den Füßen gelenkschonend abzurollen und das Tempo auf den eigenen Körper anzupassen. Dabei geht es nicht um lange Läufe und größtmögliche Erfolge. Vielmehr stehen hier das persönliche Durchhaltevermögen und eine Verbesserung der Ausdauer im Fokus. Anfänger sollten beim Training darauf achten, geeignete Laufschuhe zu tragen und Pausen einzulegen, sobald das Laufen unangenehm wird.

Vorteile:
Joggen stärkt den Herzmuskel und ist deshalb sehr gesund. Regelmäßiges Training kann daher dauerhaft den Blutdruck senken und die Prozesse im Körper unterstützen. Die Kondition wird erhöht und es tritt schon nach kürzester Zeit eine allgemeine Verbesserung des Wohlbefindens ein. Außerdem ist Joggen ein effektives Mittel zur Stressbekämpfung und kann jederzeit sowie an jedem Ort praktiziert werden.

Tanzen

Beim Tanzen kommt nicht nur Bewegung ins Spiel, sondern auch Kreativität. Ob zu Hause oder im Verein, Tanzen macht Freude und trainiert nahezu jeden Muskel. Das Gute am Tanzen ist, dass dafür keine Vorkenntnisse benötigt werden. Wenn nicht gerade eine Choreografie oder ein bestimmter Tanzstil erlernt werden soll, kann einfach drauflos getanzt werden. Es macht Spaß und hebt die Laune.

Vorteile:
Beim Tanzen wird der Gleichgewichtssinn geschult und zudem das Körpergefühl verbessert. Tanzen stärkt die Muskulatur, die Beweglichkeit und die Psyche. Zusätzlich kann beim Tanzen auch die eigene Persönlichkeit ausgedrückt werden, weil Tanzen auch immer ein hochkreativer Prozess ist. Außerdem kann Stress einfach so weggetanzt werden und es stellen sich sehr schnell positive Gefühle ein.

Bewegung als Stressbewältigung

Ist Ihr Körper dauerhaftem Stress ausgesetzt, befindet sich dieser ständig in Alarmbereitschaft. Demnach kann sich Ihre Binge-Eating-Erkrankung auch nicht bessern, weil Sie unter Dauerstrom stehen und diesen Stress dann durch Essen kompensieren wollen.

Sportliche Ideen zur Stressbewältigung

Auf dem Weg zur Überwindung der Essstörung Binge Eating stellt Sport einen wesentlichen Bestandteil Ihrer Genesung dar. Besonders in stressigen Momenten ist es nicht einfach, einen klaren Kopf zu bewahren und Entscheidungen zu treffen, die auch der Gesundheit guttun. Positiv beeinflussen können Sie die Bewältigung von Stress daher besonders durch sportliche Aktivitäten. Dies hilft Ihnen auch, in überfordernden Momenten Stress abzubauen und die Kontrolle über Ihre Essgewohnheiten zu behalten.

Auch wenn Stress für Ihren Körper etwas Gesundes sein kann, da dieser aus natürlicher Sicht betrachtet eine lebensrettende Rolle in Ihrem Organismus einnimmt, kann er Ihren Körper jedoch auch belasten. Vor allem dann, wenn Stressoren wiederholt auftreten, befindet sich Ihr Körper in einem unausweichlichen und dauerhaften Zustand der Belastung, mit dem gesundheitliche Gefahren einhergehen können. Vor allem Essstörungen werden hierdurch begünstigt. Um diesem Risiko entgegenzuwirken und Körper und Geist vor Gefahren zu bewahren, sollten Sie auf regelmäßige Phasen der Entspannung achten. Für Ihren Alltag eignen sich dabei vor allem

- regelmäßige und ausgedehnte Spaziergänge,
- Yoga und Meditation,
- Tanzeinheiten,
- Stretching,
- Atemübungen sowie
- Sportarten wie Fitness oder Teamsportarten.

All diese sportlichen Aktivitäten können im Alltag dazu beitragen, dass Sie Stress abbauen und sich besser entspannen können. Nachfolgend finden Sie daher ein paar der aufgeführten Übungen, die Sie selbstständig durchführen können.

Übung 1: Der herabschauende Hund – professioneller Alleskönner aus dem Yoga

Bei dieser Übung wird das Herz oder vielmehr der Herzmuskel entspannt. Bei der korrekten Haltung befindet sich dieser in einer Umkehrhaltung zum Körper. Bei der Durchführung der Übung können Sie auf diese Weise leichter ausatmen und Ihr Organismus kommt zur Ruhe.

Materialien:
Yogamatte

So gehen Sie vor:

- Begeben Sie sich in die Liegestützposition. Auf diese Weise halten Sie sofort den korrekten Abstand zwischen Händen und Füßen ein.
- Im nächsten Schritt beugen Sie Ihre Beine aus dieser Position heraus leicht. Ihr Hinterteil wird dabei nach oben und hinten geschoben.
- Strecken Sie die Arme aus und sorgen Sie dafür, dass Ihr Rücken in Richtung Ihrer Matte gezogen wird.
- Sofern möglich, gehen Sie nun dazu über, Ihre Beine durchzustrecken. Dabei bewegen Sie Ihre Fersen vorsichtig in Richtung des Bodens.

Übung 2: Stuhlübung zum Abbau von Stress aus dem Yoga

Bei dieser Übung werden Ihr Stoffwechsel angekurbelt und Ihre Beinmuskulatur gefördert. Auf diese Weise werden die Stresshormone leichter und schneller abgebaut.

Materialien:
Yogamatte

So gehen Sie vor:

- Für diese Übung begeben Sie sich zunächst in die Ausgangsposition. Hierzu nehmen Sie einen aufrechten Stand ein. Die Füße stellen Sie dabei so, dass sie hüftbreit auseinanderstehen.
- Im nächsten Schritt atmen Sie ein und strecken Ihre Arme über Ihren Kopf.
- Wenn Sie ausatmen, beugen Sie die Knie und gehen tief nach unten. Der Bewegungsablauf ähnelt dabei dem Absetzen auf einem Stuhl. Achten Sie hierbei darauf, dass die Fußspitzen nicht über Ihre Knie hinausragen.
- Ihr Gewicht wird bei dieser Übung auf die Fersen verlagert. Das Becken kippen Sie nach hinten.
- In der Position verbleiben Sie im Anschluss für die Dauer von drei bis fünf Atemzügen. Danach kehren Sie in den aufrechten Stand zurück. Die Hände führen Sie vor der Brust zusammen.

Tipp:
Zum Abbau von Stress sollten Sie diese Übung einige Male wiederholen.

Übung 3: Vorwärtsbeuge breitbeinig aus dem Stretching

Material:
Trainingsmatte

So gehen Sie vor:

- Für diese Übung stellen Sie Ihre Füße schulterbreit auf.
- Anschließend beugen Sie Ihre Hüfte nach vorne. Dabei bringen Sie Ihre Brust nach unten.
- Nachdem Sie die Brust nach unten gebracht haben, sollte sich Ihr Brustkorb vor Ihren Oberschenkeln befinden.
- Lassen Sie Ihren Kopf bei der Ausführung der Übung locker nach unten hängen. Das Gewicht verlagern Sie dabei auf die Fußballen.
- Nachdem Sie die Position eingenommen haben, sollten Sie diese für eine Dauer von 10 bis 20 Sekunden halten.
- Anschließend kehren Sie in den aufrechten Stand zurück.

Übung 4: Richtig atmen – den Atem für mehr Entspannung verlängern

Wenn Sie Ihren Fokus regelmäßig auf Ihre Atmung richten, werden Sie langfristig dafür sorgen, dass Sie sich entspannen und ruhiger atmen können. Die richtige Atmung ist nämlich in der Lage, Stress zu reduzieren, und sorgt dafür, dass der Körper seine Arbeit effizient verrichtet. Darüber hinaus werden die Belastungen für das Herz-Kreislauf-System reduziert.

Material:
Es werden keine unterstützenden Materialien benötigt.

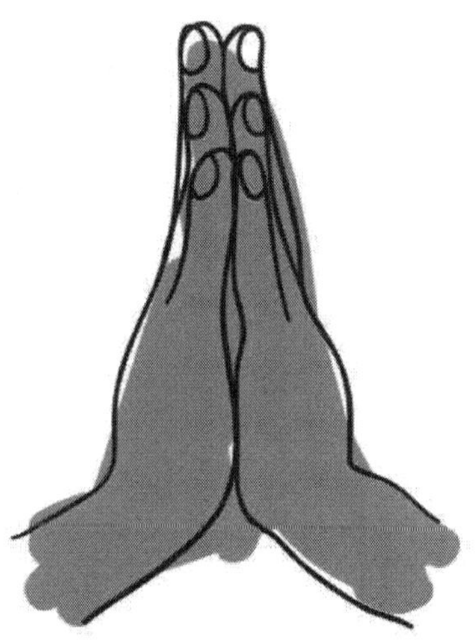

So gehen Sie vor:

- Für die Durchführung der Übung atmen Sie zunächst langsam ein. Dabei zählen Sie gedanklich bis vier. Achten Sie darauf, wie Ihr Bauch bei dieser Übung wächst, und versuchen Sie, ihn genau zu beobachten.
- Auch beim Ausatmen zählen Sie langsam gedanklich bis vier. Dabei spüren Sie, wie Ihre Atemluft dem Brustkorb entweicht und dieser wieder leerer wird.
- Im Anschluss wiederholen Sie die Übung erneut. Dieses Mal jedoch erhöhen Sie den Zähler auf eine für Sie angenehme Menge (zum Beispiel 5, 6, 7).

Tipp:
Um die Übung weiter zu steigern, können Sie beim Einatmen bis vier zählen und die Zahl für das Ausatmen weiter erhöhen (zum Beispiel 7, 8 oder 9).

Schritt 6: Unterstützungssysteme und professionelle Hilfe

Auch wenn der Weg zur Überwindung einer Binge-Eating-Störung herausfordernd sein kann und zumeist auch von emotionalen Höhen und Tiefen begleitet wird, ist es wichtig, dass Sie weiter an Ihrer Heilung festhalten. Der Weg der Genesung ist dabei nicht unbedingt allein zu bewältigen. Vielmehr ist es wichtig, dass Sie auch auf Unterstützungssysteme und professionelle Hilfe zurückgreifen. Die Bandbreite der Unterstützungssysteme ist dabei vielfältig – sie reicht von familiärer Hilfe über die Unterstützung durch Freunde bis hin zu Selbsthilfegruppen und professioneller Hilfe. Letztere kann insbesondere durch die Expertise von Therapeuten, Ernährungsberatern und/oder Psychologen ein wichtiges Instrument der Heilung sein, das sich unterstützend auf Ihren Krankheitsverlauf auswirkt. Sich einzugestehen, dass es spezifischer Hilfesysteme bedarf, um den Weg der Genesung anzutreten, ist dabei kein Zeichen von Schwäche. Vielmehr ist es ein Beispiel dafür, wie selbstreflektiert Sie Ihrer Binge-Eating-Störung gegenübertreten, und auch ein Zeichen dafür, dass Sie gewillt sind, sich von dieser zu befreien. Es ist also eher ein Meilenstein auf dem Genesungsweg. Wie Sie hier im Einzelnen die verschiedenen Unterstützungssysteme nutzen können, erfahren Sie im Verlauf der nachfolgenden Kapitel.

Familie und Freunde einbeziehen

Jemanden zu finden, der Ihre eigene Situation versteht, kann sich in der Praxis oftmals als schwierig gestalten. Daher ist dies für Sie als Betroffener zunächst der wichtigste Schritt. Dabei sollten Sie vor allem immer im Hinterkopf behalten:

> Essstörungen sind ernstzunehmende Erkrankungen. Sie sollten behandelt werden. Der Behandlungsverlauf ist dann am erfolgreichsten, wenn frühzeitig mit entsprechenden Maßnahmen gegen die vorhandene Essstörung vorgegangen wird. Dies erhöht zudem den Behandlungserfolg.

Im Alltag ist es vor allem deshalb schwierig, Menschen zu finden, die die eigene Gesundheit ernst nehmen, weil die Meinungen über das Krankheitsbild in der Praxis doch sehr divergieren. Sie reichen von „Reiß dich einfach zusammen, das wird schon wieder" bis hin zu „Lass dich nicht so hängen, du musst einfach nur stark sein". Keine der Meinungen hat in der Praxis seine Berechtigung. Auch das sollten Sie unbedingt im Hinterkopf behalten, wenn Sie mit Familie oder Freunden über Ihre Gesundheit sprechen möchten und diese möglicherweise nicht so reagieren, wie Sie selbst es erwartet hätten.

Auch wenn es am Anfang überfordernd wirken kann und Ihnen in der Praxis vielleicht auch Sorgen bereitet, sollten Sie sich dennoch für den Aufbau eines

Unterstützungssystems entscheiden. Dies wird Ihnen in der Praxis helfen, die Kontrolle über Ihr Leben zurückzugewinnen und der Binge-Eating-Störung den Kampf anzusagen. Vor allem dann, wenn Ihre Freunde und Familie als emotionale Stütze fungieren, kann das in Ihrem Inneren dazu beitragen, dass Sie sich aufgrund Ihrer Erkrankung weniger isoliert fühlen. Daneben ist es wichtig, dass Sie sich in Ihrer Situation verstanden fühlen und Ermutigung erfahren.

Im Genesungsprozess von Betroffenen nehmen Familie und Freunde dabei in aller Regel die wichtigste Rolle ein. Sie bieten emotionale Unterstützung und ermutigen Sie immer dann, wenn Sie es am meisten brauchen. Vor allem dann, wenn Sie das Gefühl haben, wieder einmal gegen sich selbst und ungesunde Verhaltensweisen zu kämpfen, kann es hilfreich sein, wenn Sie sich Ihren Vertrauten mitteilen. Auf diese Weise haben Ihre Familie und Freunde die Möglichkeit, Ihre möglicherweise vorhandenen Scham- oder Schuldgefühle Ihrem Essverhalten gegenüber zu lindern. Nicht zuletzt tragen Vertraute im Prozess der Heilung dazu bei, dass Sie sich in einer positiven Umgebung bewegen. Das kann dazu führen, dass Auslöser vermieden und gesunde Gewohnheiten zunehmend gefördert werden.

Tipp:
Haben Sie beispielsweise in Ihrem privaten Umfeld Menschen, denen Sie sich anvertrauen können, die auf eine gesunde Lebensweise achten, können Sie diese bitten, gemeinsam mit Ihnen zu kochen und Mahlzeiten einzunehmen. Auf diese Weise erleichtern Sie sich die Mahlzeiten und deren Zubereitung.

Neben den bisher erwähnten Faktoren ist es außerdem wichtig, dass Sie auf ein familiäres und/oder freundschaftliches Unterstützungssystem zurückgreifen, da dieses Sie in einer Form wahrnimmt, in der Sie selbst sich nicht sehen können. Ihr Umfeld beobachtet Ihre Verhaltensweisen, stellt fest, wenn Ihre Stimmung schwankt oder wenn es Ihnen insgesamt nicht gut geht. Werden ebendiese Signale frühzeitig erkannt, kann dies dazu beitragen, dass frühzeitig passende Maßnahmen ergriffen werden können, die dafür sorgen, dass sich Ihr gesundheitlicher Zustand nicht weiter verschlechtert.

Im Verlauf Ihrer Behandlung wird es darüber hinaus immer wieder Momente geben, in denen Sie sich selbst möglicherweise nur bedingt oder gar nicht motivieren können, für Ihre Genesung zu kämpfen. In diesem Kontext nehmen Freunde und Familie für Ihre Genesung eine besondere Rolle ein, da Sie Ihnen positives Feedback zu bisher umgesetzten Erfolgen geben und Sie zudem zum Weitermachen ermutigen können.

Auch im Rahmen der praktischen Veränderung Ihres Lebensstils sind Freunde und Familie oder Vertraute ein wichtiger Bestandteil. Gemeinsam können Sie beispielsweise die Einnahme von gesunden Mahlzeiten planen oder für regelmäßige Bewegung sorgen, die Ihnen ein besseres Körpergefühl verschafft.

Darüber hinaus sind familiäre und freundschaftliche Unterstützungssysteme wichtig, um bei der Recherche nach professionellen Hilfsangeboten am Ball zu bleiben. Oftmals fällt es Betroffenen schwer, sich einzugestehen, dass professionelle Unterstützung ein wichtiger Meilenstein innerhalb der Genesung ist. Freunde und Familie können Sie hier motivieren, Ihnen gut zusprechen sowie Sie ermutigen, Ihren Weg zur Genesung weiter zu verfolgen und auf professionelle Fachkräfte zurückzugreifen. Auch die Begleitung zu entsprechenden Terminen ist hierbei ein denkbares Szenario.

Auch haben Sie den Vorteil, dass Sie sich durch die Unterstützung von Freunden und Familie besser verstanden fühlen. Das Bewusstsein und Verständnis für Ihre Erkrankung von Vertrauten schaffen für Sie eine Umgebung, die Ihren Heilungsprozess maßgeblich vorantreiben wird.

Selbsthilfegruppen und Online-Communitys

Bevor Sie nun im Folgenden Informationen zur Wichtigkeit von Online-Communitys und Selbsthilfegruppen im Verlauf Ihrer Genesung erhalten, ein bedeutsamer Hinweis:

Hinweis:
Wann immer Sie zu Ihrer Erkrankung und deren Behandlung recherchieren, sollten Sie im Blick behalten, dass nicht alle Internetseiten, auf die Sie bei Ihrer Recherche stoßen, seriös sind. Insbesondere in Bezug auf allgemeine Essstörungen gibt es einige Websites, die die Krankheitsbilder verherrlichen und das Ziel haben, ebendiese aufrechtzuerhalten. Vergessen Sie dabei nicht, dass eine Essstörung kein gesunder und vor allem kein erstrebenswerter Lebensstil ist, den Sie für sich verfolgen sollten.

Ein besonderes Erkennungsmerkmal dieser Seiten: Sie erteilen Tipps, wie das eigene Körpergewicht weiter reduziert werden soll, und sind daher mit Vorsicht zu genießen.

Im Verlauf Ihrer Genesung kann die Teilnahme an einer Selbsthilfegruppe, die sich mit dem Thema Binge Eating beschäftigt, wesentlich für Ihre Heilung sein. Grundsätzlich haben Sie beim Aufsuchen von Selbsthilfegruppen verschiedene Möglichkeiten.

Unterstützung und auch Anregung finden Sie beispielsweise über die nationale Kontakt- und Informationsstelle (NAKOS): www.nakos.de

Insgesamt kann für Sie als Betroffener die Teilnahme an einer Selbsthilfegruppe dazu beitragen, dass Sie, falls nötig, auf einen stationären Aufenthalt vorbereitet werden. Auch hilft Ihnen die Partizipation an einer solchen Gruppe, längere Wartezeiten im Behandlungsverlauf zu überbrücken. Dies kann beispielsweise der Fall sein, wenn Sie einen Therapieplatz erhalten haben, dieser aber noch einige Monate auf sich warten lässt.

Darüber hinaus stellen Selbsthilfegruppen außerdem einen wichtigen Bestandteil innerhalb der Nachsorge dar.

Bei der Auswahl einer für Sie geeigneten Gruppe sollten Sie in der Praxis darauf achten, dass Sie sich für eine Selbsthilfegruppe entscheiden, die von einem Therapeuten angeleitet wird. Auch die Anbindung von Selbsthilfegruppen an Beratungsstellen, eine klinische Ambulanz oder aber eine Fachklinik kann für Sie von Vorteil sein.

Hinweis:
Vergessen Sie bei der Teilnahme an einer Selbsthilfegruppe jedoch nicht, dass ebendiese bei der Bewältigung einer Essstörung zwar hilfreich ist, eine Therapie jedoch nicht ersetzen kann.

Vergessen Sie in der Phase der Beschaffung von Informationen nicht, dass es zahlreiche Selbsthilfegruppen gibt. All diese Gruppen arbeiten nach unterschiedlichen Ansätzen, weshalb es wichtig ist, dass Sie sich im Vorfeld informieren.

Tipp:
Einige Selbsthilfegruppen bieten die Möglichkeit von Probebesuchen. Wieder andere Angebote weisen eine offene Form auf, die Sie jederzeit besuchen können. Auch hier gilt jedoch: Achten Sie darauf, dass die Arbeitsweise der entsprechenden Angebote wissenschaftlich fundiert ist. Sind Sie hier unsicher, können Sie auf die Expertise von Beratungsstellen zurückgreifen.

Neben den klassischen Selbsthilfegruppen gibt es inzwischen auch eine Reihe von Selbsthilfeprogrammen, die zu Hause angewendet werden können. Hierzu erhalten Sie als Betroffener Unterlagen, die es Ihnen erlauben, mehr über Ihre Erkrankung zu erfahren und diese im Alltag zu händeln.

Die Programme an sich werden im Alleingang bearbeitet und nur wenig therapeutisch begleitet. Die therapeutische Begleitung dieser Programme erfolgt dann in aller Regel auf persönlichem, telefonischem oder virtuellem Weg. Dieses Vorgehen ist daher vor allem dann sinnvoll, wenn sich in Ihrer Wohnortnähe keine psychotherapeutische Praxis befindet.

Neben den benannten Faktoren können Sie auch auf Online-Communitys oder Apps in Ihrem Behandlungsverlauf zurückgreifen. Diese werden inzwischen auch von Kliniken, Psychotherapeuten und gemeinnützigen Organisationen zur Verfügung gestellt. In der Praxis nutzen Sie ebendiese Apps dann täglich, um beispielsweise Essprotokolle zu erstellen und Ihre Gedanken und Gefühle zu verschriftlichen. Darüber hinaus haben innerhalb der App auch Angehörige, Freunde und Familie die Möglichkeit, Ihren Alltag zu dokumentieren. Diese Datensammlungen sind vor allem dann hilfreich, wenn Sie beabsichtigen, diese mit Ihrem Therapeuten zu teilen.

Wie Sie also sehen, stellen Selbsthilfegruppen und Online-Communitys, die den Austausch befördern, einen wichtigen Baustein im Prozess der Heilung dar. Sie bieten Ihnen die Möglichkeit, sich mit anderen Betroffenen auszutauschen, und schaffen auf dieser Basis ein Verständnis für Ihre Situation. Auch tragen Sie mit der Teilnahme an Selbsthilfegruppen dazu bei, dass Sie Ihre eigene Situation besser verstehen und sich weniger isoliert fühlen. Der Kontakt mit anderen Betroffenen fördert dabei im besten Fall auch Ihre psychische Gesundheit und zeigt Ihnen Möglichkeiten auf, wie Sie weiter gegen Ihre Essstörung vorgehen können. Nicht zuletzt haben Sie im Austausch mit anderen die Option, sich gegenseitig zu unterstützen und so Veränderungen anzustoßen.

Ziehen Sie es hingegen vor, anonym zu bleiben, können Sie Ihre Anonymität in Online-Communitys wahren und sich dennoch offen und ungehemmt über Ihre Erkrankung austauschen.

Selbsthilfegruppen und Online-Communitys sind damit für Ihre Genesung ein zusätzliches Unterstützungssystem, auf das Sie unbedingt zurückgreifen sollten, um Ihrer Binge-Eating-Störung gegenüberzutreten.

Wann professionelle Hilfe in Anspruch genommen werden sollte

Auch, wenn es vermutlich schwer ist, professionelle Hilfe ist beim Vorliegen einer Binge-Eating-Störung immer zu empfehlen. Das liegt nicht zuletzt daran, dass Essstörungen ernst zu nehmende Erkrankungen darstellen, die die körperliche Gesundheit und das emotionale Wohlbefinden beeinträchtigen können. Sollten Sie bei sich erste Anzeichen einer solchen Erkrankung feststellen, ist es daher wichtig, dass Sie professionelle Hilfe in Anspruch nehmen.

Ein wichtiges Alarmsignal ist dabei die Tatsache, dass die Episoden, in denen Binge Eating auftritt, immer häufiger auftreten. Auch für die Bearbeitung von körperlichen Beschwerden, wie beispielsweise der Zunahme von Gewicht, Beschwerden des Magen-Darm-Traktes oder aber Diabetes, sollte eine medizinische Überwachung stattfinden.

Daneben sind psychische Belastungen, wie beispielsweise der emotionale Stress, der aufgrund von möglichen Essanfällen auftreten kann, damit einhergehende Angstzustände, Depressionen oder ähnliche Belastungen der Psyche, unbedingt behandlungsbedürftig. Im Kontext einer Binge-Eating-Störung ist die erste Anlaufstelle zunächst Ihr Hausarzt. Betrifft die Störung Kinder oder Jugendliche, kann ebenso beim Kinder- und Jugendarzt vorgesprochen werden. Darüber hinaus haben Sie natürlich auch die Möglichkeit, direkt einen Psychotherapeuten oder, wenn in Ihrer Region vorhanden, eine Spezialambulanz für Essstörungen aufzusuchen.

Für viele Betroffene ist genau dieser Schritt jedoch zu groß. Niedrigschwelliger können Sie Ihren Weg zur Genesung daher auch über ein Gespräch mit einer Beratungsstelle beschreiten. Diese sollte jedoch Erfahrung im Umgang mit Essstörungen haben, um Ihnen wirklich helfen zu können. Zudem haben Beratungsstellen die Möglichkeit, Sie an weitere Anlaufstellen zu vermitteln, da diese oft mit niedergelassenen Psychotherapeuten oder Kliniken kooperieren.

Für die Erstberatung haben Sie dabei unterschiedliche Möglichkeiten:

Telefonische Beratung

Für eine Erstberatung können Sie als Betroffener das Beratungstelefon der Bundeszentrale für gesundheitliche Aufklärung (BZgA) nutzen. Hier haben Sie die Möglichkeit, für einfache Anfragen zunächst anonym zu bleiben.

Tipp:
Das Beratungstelefon eignet sich auch für Rückfragen von Eltern und Angehörigen oder Freunden von Betroffenen. Hier können Sorgen und Informationen ausgetauscht werden.

Die telefonische Beratung bezieht sich dabei nicht nur auf die Binge-Eating-Störung, sondern auf alle Essstörungen. Neben einer Erstberatung haben Sie im Rahmen des telefonischen Kontaktes die Möglichkeit, Adressen zu erhalten, an die Sie sich für die weitere Behandlung wenden können.

Nummer des Beratungstelefons der BZgA:

Telefon:	(0221) 89 20 31

Erreichbar von:

Montag bis Donnerstag	10.00 bis 22.00 Uhr
Freitag bis Sonntag	10.00 bis 18.00 Uhr

Neben der Bundeszentrale für gesundheitliche Aufklärung können Sie sich als Betroffener auch an die Unabhängige Patientenberatung Deutschland (UPD) wenden. Die Berater dieser Hotline sind so geschult, dass Sie im Rahmen des Beratungsprozesses erkennen können, welche Anlaufstellen und Adressen für Ihren Behandlungsverlauf empfehlenswert sind.

Nummer der Unabhängigen Patientenberatung Deutschland (UPD):

Telefon:	0800 0 11 77 22
Vom Mobiltelefon:	0177 1 78 51 52

Erreichbar von:

Montag bis Freitag	10.00 bis 18.00 Uhr
Donnerstag	10.00 bis 20.00 Uhr

Online-Beratung

Neben der telefonischen Beratung bietet die Bundeszentrale für gesundheitliche Aufklärung auch die Möglichkeit, online Informationen zu beschaffen.

Die entsprechende Website mit weiterführenden Informationen finden Sie durch den Scan des nachfolgenden QR-Codes:

www.bzga-esstörungen.de

Auch die Unabhängige Patientenberatung Deutschland verfügt über ein umfangreiches Onlineangebot. Dieses finden Sie nachfolgend:

www. Patientenberatung.de/online-beratung

Suche von Ärzten und Therapeuten

Bei der Suche nach behandelnden Ärzten und Therapeuten kann Sie die Kassenärztliche Bundesvereinigung unterstützen. Diese finden Sie beispielsweise unter dem nachfolgenden Internetauftritt.

www.kbv.de/html/arztsuche.php

Auf der Homepage der Kassenärztlichen Bundesvereinigung haben Sie die Möglichkeit, Ärzte oder Psychotherapeuten bundeslandbezogen zu suchen. Auch die entsprechenden Kontaktdaten erhalten Sie dort.

Suche nach Kliniken

Am Beginn der Behandlung steht die Suche nach Kliniken. Diese können Sie mithilfe der sogenannten Weissen Liste der Bertelsmann Stiftung unterstützen. Unter der untenstehenden Website können Sie dabei in Ihrem Umkreis und entsprechend Ihrer Postleitzahl nach behandelnden Kliniken suchen. Auch Krankenkassen verwenden diese Navigation.

www.weisse-liste.de

Allgemeiner Rat und Hilfe für Betroffene und Angehörige

Weitere Möglichkeiten, sich mit der Erkrankung auseinanderzusetzen und Hilfe in Anspruch zu nehmen, finden Sie nachfolgend. Die hier aufgeführten Telefonnummern und Internetlinks bieten nicht nur Betroffenen, sondern auch deren Angehörigen Unterstützung, Rat und Hilfe.

- Nummer gegen Kummer e. V. – kostenlos, anonym und vertraulich – Kinder- und Jugendtelefon 0800 / 111 0 333; montags bis samstags von 14 bis 20 Uhr

• Elterntelefon 0800 / 111 0 550; montags bis freitags von 9 bis 11 Uhr, dienstags und donnerstags von 17 bis 19 Uhr

• Telefon-Seelsorge – rund um die Uhr; 0800 / 111 0 111 0800 / 111 0 222

Bundesfachverband Essstörungen e. V. (BFE) / Pilotystraße 6 / Rgb. 80538 München; Telefon 0 89 / 23 68 41 19; Fax 0 89 / 21 99 73 23; bfe-essstoerungen@gmx.de

• Dick & Dünn e. V. Beratungszentrum bei Ess-Störungen, Innsbrucker Straße 37, 10825 Berlin; Telefon 0 30 / 8 54 49 94; Fax 0 30 / 8 54 84 42; info@dick-und-duenn-berlin.de

• Frankfurter Zentrum für Ess-Störungen gGmbH, Hansaallee 18, 60322 Frankfurt am Main; Telefon 0 69 / 55 01 76 (Beratungstelefon); montags und dienstags von 11 bis 12 Uhr, mittwochs und donnerstags von 14 bis 15 Uhr; Telefon 0 69 / 55 73 62 (Geschäftsstelle); Telefax: 0 69 / 5 96 17 23; info@essstoerungen-frankfurt.de

Weiterführende Informationen zur Erkrankung

Neben den benannten Adressen haben Sie außerdem die Möglichkeit, sich mit der Erkrankung auf offiziellen Websites weiter vertraut zu machen. Dies kann dazu beitragen, dass Sie sich selbst (oder Ihre Angehörigen, die von einer solchen Erkrankung betroffen sind) besser verstehen.

Zu nennen sind hier:

• Bundeszentrale für gesundheitliche Aufklärung (BZgA) → Hier finden Sie eine Online-Checkliste, die das eigene Essverhalten analysiert und auswertet. Die Ergebnisse können umgehend abgerufen werden.

Online unter: http://www.bodycheck.bzga.de/

• Hungrig-Online e. V. → Auf dieser Website finden Sie Informationen zu Essstörungen und ein Adressverzeichnis sowie einen Online-Chat und Verweise zu entsprechender Literatur zur Vertiefung.

Auf Ihrem Weg durch die Behandlung sollten Sie sich immer wieder bewusst machen: Auch wenn der Weg nicht immer ganz einfach sein wird, Ihr Mut wird Ihnen helfen, zu einem gesünderen und emotional stabileren Leben zu gelangen. Im Behandlungsverlauf kann es Ihnen Ihre Ängste nehmen, wenn Sie sich die einzelnen Behandlungsschritte umfassend erklären lassen, Fragen stellen oder selbst Vorschläge machen. Dies kann Ihnen die Angst und mögliche Bedenken nehmen sowie Ihren Behandlungsverlauf unterstützen.

Schritt 7: Rückfallprävention

In Ihrem Behandlungsverlauf spielt die Prävention von Rückfällen eine bedeutsame Rolle. Sie verfolgt das Ziel, das Risiko für das Auftreten erneuter Essanfälle zu reduzieren und die Kontrolle über Ihr Essverhalten zu behalten. Thematisiert wird die Rückfallprävention im Behandlungsverlauf vor allem an Ende Ihrer Therapie. Inhaltlich geht es dabei um das Erkennen von ersten Symptomen, die darauf hindeuten, dass Ihr Essverhalten (wieder) einem ungesunden Wandel unterliegen könnte. Ebenso geht es um die Erarbeitung von sogenannten Notfallplänen, die Ihnen in Ihrem Alltag ein sicheres Gefühl geben und dafür sorgen, dass Sie Ihre Binge-Eating-Störung hinter sich lassen können. Wie Ihnen dies im Alltag gelingen kann und welche Mittel hierzu nötig sind, erfahren Sie im nachfolgenden Kapitel.

Ein starkes Mindset entwickeln

Wie Sie wissen, verlieren viele Betroffene die Kontrolle über das Essen. Das gilt allerdings nicht nur für das Essen im Allgemeinen, sondern auch für das eigene Sättigungsgefühl. Sobald ein Essanfall stattfindet, schalten Betroffene die Gedanken aus und nehmen ihre Umwelt kaum noch wahr. Die Folge sind Episoden, in denen sich die Betroffenen Ekel-, Schuld- und Schamgefühlen gegenübersehen. In diesen Phasen ist der Leidensdruck hoch. Umso deutlicher wird an dieser Stelle, warum es für die Prävention von Rückfällen wichtig ist, dass Sie über ein starkes Mindset verfügen.

Definition: Mindset

Mit dem Begriff Mindset werden Denkweisen, Verhaltensmuster und auch Überzeugungen beschrieben, die die innere Haltung eines Menschen widerspiegeln. In der Praxis ist das Mindset oftmals ausschlaggebend für die Kraft der Gedanken. Das Mindset beeinflusst dabei die Art und Weise, wie die Welt wahrgenommen und auf diese reagiert wird. Es stellt daher also unseren mentalen Rahmen dar.

Verfügen Sie über ein starkes Mindset, gibt Ihnen dies die Kontrolle über Ihr Leben zurück. In aller Regel führt ein gestärktes Mindset dazu, dass Sie ein hohes Maß an Selbstkontrolle aufweisen. Diese ist entscheidend, wenn es darum geht, einem bestehenden Drang nach übermäßigem Essen nachzukommen. Zudem bietet Ihnen ein starkes Mindset die Möglichkeit, dass Sie sich in Situationen, in denen Sie das Bedürfnis nach Essen verspüren, Ihrer selbst bewusster sind. Das heißt, Sie kennen Ihre emotionalen Auslöser und wissen, mit welchen Strategien Sie dafür sorgen können, dass Sie keiner erneuten Essattacke gegenübertreten müssen.

Wie Sie im Verlauf des Ratgebers bereits erfahren haben, gehört zu einem gesunden Mindset auch das Erlernen von gesunden Verhaltensmustern. Auf diese Weise können Sie langfristig für die Vermeidung von erneuten Rückfällen sorgen.

Ein weiterer Bestandteil einer Rückfallprophylaxe ist die Entwicklung einer gut ausgeprägten Resilienz, wie Sie bereits im Kapitel „Erkennen von Triggerfaktoren" gelesen haben.

Auch im Kontext der Behandlung einer Binge-Eating-Störung sind Krisen ein natürlicher Bestandteil Ihres Genesungsprozesses. Das heißt, auch diese gehören zu Ihrem Heilungsprozess. Verfügen Sie in diesen Phasen jedoch über ein gestärktes Mindset, wird auch Ihre Resilienz gestärkt hieraus hervorgehen und Sie in die Lage versetzen, diesen Veränderungen gerecht zu werden und adäquat darauf zu reagieren. Im Ernstfall kann das Vorhandensein von Resilienz demnach dazu beitragen, dass Sie nicht in alte Muster zurückfallen. Dies gilt auch für die Entwicklung von Akzeptanz Ihrer eigenen Person und Situation gegenüber. Letztere ist vor allem deshalb wichtig, damit Sie sich nicht durch wiederkehrende negative Gedanken belasten oder Schuldgefühle entwickeln. Achten Sie dabei im Kontext der Stärkung Ihres Mindsets auch darauf, eine positive Einstellung *zu sich selbst* zu wahren.

Nachfolgend erhalten Sie Übungen zur Stärkung Ihres Mindsets, sodass Sie weiteren Herausforderungen, die mit Ihrer Binge-Eating-Störung einhergehen, konstruktiv entgegenblicken können.

Übung 1: Stärkung des Mindsets durch bewusstes Denken

Im Alltag kann es für die Veränderung Ihres Mindsets zielführend sein, wenn Sie Ihre Gedanken zunächst beobachten. Hierbei sollten Sie sich vor allem klarmachen, dass Sie nicht Ihr Körper sind und dass Sie auch nicht die Summe Ihrer Gedanken sind. Vielmehr sind Sie der Mechanismus, der in der Lage ist, Körper und Geist bewusst wahrzunehmen.

Um neue Gedanken und Überzeugungen in Ihr Mindset aufzunehmen, sollten Sie sich daher zunächst bewusst machen, dass es einige Zeit dauert, bis Ihr Gehirn die neuen Informationen als Routinen abspeichert. Als Richtwert gelten für Erwachsene hier 14 bis 21 Tage. Das bedeutet, wann immer Sie sich auf neue Gedanken und Gewohnheiten konzentrieren, tragen Sie dazu bei, dass sich die Strukturen Ihres Gehirns (zum Positiven) verändern.

Aus diesem Grund sollten Sie sich täglich etwas Zeit nehmen, um sich auf das Zufriedenstellende und Positive zu fokussieren und sich dies in Ihren Gedanken bewusst zu machen. Auf diese Weise entwickeln Sie mithilfe der Übung eine positive Grundhaltung, die Ihnen auch bei der Rückfallprävention von Vorteil sein kann.

Übung 2: Veränderung von Gedankengängen in Bezug auf Binge Eating

Die grundlegende Übung zur Veränderung Ihres Mindsets haben Sie nun kennengelernt. In der Medizin wird diese Übung auch als die „Veränderung dysfunktionaler Gedanken“ beschrieben. Diese und ähnliche Übungen werden vor allem in der kognitiven Verhaltenstherapie angewendet. Es geht darum, vorhandene Gedanken zu identifizieren und im Anschluss modifizieren zu können.

- Zunächst halten Sie hierzu Ihre Gedanken in Ihrem Ernährungstagebuch fest. Notieren Sie sich, welche Mahlzeiten Sie eingenommen haben und welche Gefühle und Denkweisen Sie bei der Nahrungsaufnahme begleitet haben.
- Setzen Sie dieses Vorgehen über mehrere Wochen fort und schauen Sie sich dann Ihre Aufzeichnungen erneut an.
- Gab es Schlüsselmomente oder wiederkehrende Gedankenmuster?
- Notieren Sie auch Ihre Gedanken hierzu. Zudem können Sie sich Notizen machen, wie sich Ihre Gefühlslage nach der Nahrungsaufnahme verändert hat, um auch hier kognitive Muster zu erkennen.
- Neigen Sie beispielsweise dazu, nach der Nahrungsaufnahme in Panik zu verfallen?
- Fühlen Sie sich im Anschluss an Ihre Mahlzeiten schlecht?
- Was denken Sie konkret?
- Neigen Sie zum Übergeneralisieren?
- Im nächsten Schritt geht es dann darum, dass Sie sich mit Ihren eigenen Gedanken auseinandersetzen. Was heißt das? Stellen Sie sich die Frage, was gegen die Gedanken spricht, die Sie vor, während oder nach dem Essen haben. Gibt es Belege, die gegen ein bestimmtes Denkmuster sprechen? Stellen Sie sich außerdem vor, dass nahestehende Menschen in derselben Situation wären. Wie würden sie reagieren? Was würden sie anders machen?
- Machen Sie sich klar, dass Sie Ihre Gedanken verändern können. Haben Sie beispielsweise immer das Gefühl, bei der Nahrungsaufnahme einen Kontrollverlust zu erleiden, sollten Sie ebendiese Gedanken zum Positiven wenden. Seien Sie sich bewusst, dass Sie die Kontrolle über Ihr Essverhalten zurückgewinnen können, und sprechen Sie diese positiven Gedanken laut aus. Seien Sie mitfühlend mit sich selbst und verändern Sie auf diese Weise schrittweise Ihre Gedankenmuster.
- Schreiben Sie die neuen Gedanken in Ihrem Ernährungstagebuch nieder, sodass Sie diese, wann immer ungute Gefühle in Ihnen aufkommen, lesen und laut aussprechen können, um sich selbst daran zu erinnern, dass Ihre Situation veränderbar ist.

Übung 3: Mindset aufbauen am Morgen und Abend

Zu Beginn und am Ende eines jeden Tages befindet sich Ihr Geist in einem besonders wichtigen Zustand. Dieser Zustand gleicht einer natürlichen Hypnose. Gewünschte Veränderungen Ihres Mindsets können in dieser Zeit daher besonders gut erwirkt werden.

Gedanken und Überzeugungen, die Sie sich in dieser Zeit in Ihr Bewusstsein rufen, gehen wesentlich schneller in Ihr Unterbewusstsein ein als solche, die Sie im Verlauf eines Tages erarbeiten. Aus diesem Grund ist es wichtig, dass Sie die Zeit am Morgen und Abend nutzen und eine Form von Psychohygiene betreiben.

Definition: Psychohygiene
Der Begriff der Psychohygiene beschreibt einen Katalog von Maßnahmen, die dem Schutz sowie dem Erhalt der psychischen Gesundheit dienlich sein sollen. Neben Lebensgewohnheiten gehören hierzu auch Verhaltensweisen, die beispielsweise mit bestimmten Belastungssituationen wie Stress einhergehen. Die Psychohygiene trägt in diesem Kontext dazu bei, dass die Seele durch entsprechende „Pflegemaßnahmen", wie zum Beispiel die Technik der Achtsamkeit oder Visualisierung, Unterstützung erfährt.

Anleitung für die Durchführung der Übung:
Für die Durchführung der Übung sollten Sie sich zunächst in eine entspannte Haltung begeben. Dann sollten Sie sich in dieser Zeit das in Ihr Bewusstsein rufen, was kürzlich nicht optimal gelaufen ist.

Womit waren Sie unzufrieden?
Wo hätten Sie größere Erfolge für sich beansprucht?
Was hat Sie unzufrieden gemacht?
Wo haben Sie sich selbst zu viel zugemutet?

Im nächsten Schritt sorgen Sie auf visueller Ebene dafür, die Vorstellung so zu verändern, dass der Verlauf optimal gewesen wäre.

Visualisieren Sie hierzu die Situationen erneut, in denen Sie diese Unzufriedenheit verspürt haben, und stellen Sie sich im Anschluss vor, wie Sie diese hätten verbessern können.

Atmen Sie bewusst. Konzentrieren Sie sich dabei darauf, was in Ihrem Körper passiert, und seien Sie dabei achtsam für all das, was sich während Ihrer Atmung abspielt. Blenden Sie alles um sich herum aus und seien Sie ausschließlich im Hier und Jetzt – einfach achtsam mit sich selbst.

Um diesen Zustand der Achtsamkeit weiter zu vertiefen, können Sie sich im Anschluss einen Ort vorstellen, an dem Sie sich jetzt gerne befinden würden. Stellen Sie sich beispielsweise eine einsame Insel vor. Sie sitzen am Strand und blicken ruhig und entspannt auf das Meer. Sie lauschen dem

Rauschen der Wellen, die im regelmäßigen Zyklus kommen und gehen. Sie beobachten, wie die Gischt auf den Sand gespült wird und mit welcher Wucht sie von den erneut aufkommenden Wellen zurückgespült wird. Es ist ein ständiges Kommen und Gehen. Nach einem kurzen Moment der Entspannung schließen Sie die Augen. Dann beginnen Sie, zu visualisieren, was Sie konkret verändern möchten. Stellen Sie sich genau vor, wie diese Veränderung aussehen würde.

Wie würde sie sich anfühlen?
Was würde sich verändern?
Was wäre besser?
Hätten Sie weniger Sorgen?
Was würde die neue Situation mit Ihnen machen?
Wie wäre Ihre Einstellung zur Nahrungsaufnahme?
Könnten Sie negative Gefühle loslassen und unbeschwerter sein?

Denken Sie sich in Ihre Optimalvorstellung und visualisieren Sie diese genau. Im Nachgang atmen Sie erneut einige Male tief ein und aus und versuchen, sich dabei wieder nur auf Ihre Atmung zu konzentrieren. Wenn Sie so weit sind, öffnen Sie die Augen wieder, bleiben noch einen Moment in der bisherigen Position und entspannen sich.

Mithilfe dieser Methode sorgen Sie im Nachgang dann dafür, dass sich gewisse Routinen in Ihrem Unterbewusstsein ebenso leicht und unüberlegt verankern wie beispielsweise das Händewaschen.

Nachhaltige Essgewohnheiten entwickeln

Nachhaltige Essgewohnheiten entwickeln sich nicht von heute auf morgen. Für Ihre eigene Genesung ist es daher wichtig, dass Sie im Hinterkopf behalten, dass die Entwicklung dieser Gewohnheiten in aller Regel etwas Zeit bedarf.

Der Schlüssel zur Veränderung dieser Gewohnheiten liegt dabei in der *schrittweisen* Anpassung bestehender Handlungen hin zu einem gesunden Essverhalten. Vor allem im Alltagsgeschehen schleichen sich leicht schlechte Essgewohnheiten ein. Oftmals passiert dies auch, wenn uns am Tag belastende Ereignisse begegnen, aus denen sich die Lust nach etwas Ungesundem herausbildet. Auch Stress und Ärger unterstützen diese Gewohnheiten zunehmend.

Hier kann im Alltag das universelle Prinzip des Kaizen hilfreich sein:

Definition: Kaizen

Der Begriff Kaizen stammt aus dem Japanischen und setzt sich aus den Silben „Kai", was so viel wie „Veränderung" oder „Wandel" bedeutet, und „zen" zusammen. Zen bedeutet so viel wie „zum Besseren". Der Begriff Kaizen steht also für eine Veränderung zum Besseren. Er bezeichnet eine japanische Lebensphilosophie, aber auch eine Arbeitsphilosophie und ein methodisches Konzept, das auf bestimmten Leitlinien aufbaut.

Hinter dem Begriff Kaizen steckt die Idee einer kontinuierlichen und nachhaltigen Verbesserung. Möchten Sie dieses Prinzip auf Ihren persönlichen Alltag und Ihre persönlichen Ziele anwenden, müssen Sie in einem ersten Schritt Klarheit darüber schaffen, was Sie verbessern wollen und wo Ihre Ziele liegen. Ebenso wichtig ist die Klarheit darüber, warum Ihre Ziele gerade dort liegen und nicht an anderen Stellen. Machen Sie sich also bewusst, weshalb die Veränderung Ihrer Essgewohnheiten für Sie bedeutsam und wichtig ist. Im Nachgang können Sie sich dann einer universellen Kaizen-Übung bedienen. Diese lernen Sie im Anschluss besser kennen.

Übung 1: Analyse der eigenen Situation mit Kaizen

Aufgabe 1: Skizzieren Sie Ihren derzeitigen Ist-Zustand in Bezug auf Ihr Essverhalten.

____

____

____

____

____

____

____

____

Aufgabe 2: Beantworten Sie folgende Fragen:
Möchten Sie vielleicht etwas verändern?

____

____

____

____

Haben Sie schon lange ein Ziel im Kopf, an dem Sie jedoch nie arbeiten (beispielsweise das Einhalten gesunder Essroutinen und die Verbesserung Ihres Lebenswandels)?

____

____

____

____

Was könnte Ihr Selbstwertgefühl steigern?

____

____

____

____

Was könnte Ihr Wohlbefinden steigern?

____

____

____

____

Sie haben nun Ihren Ist-Zustand skizziert sowie mögliche Veränderungen aufgezählt, die Sie in Ihren Alltag integrieren möchten/könnten, um sich zu verbessern. Der Einsatz von Kaizen ist nun in diesem Bereich zur Unterstützung Ihrer Genesung möglich. Machen Sie sich dabei bewusst, dass es darum geht, kleine Verbesserungen zu erzeugen. Folgende Tipps sollten Sie sich hierzu vor Augen führen:

Fangen Sie in kleinen Schritten an, Ihre Gewohnheiten in die Hand zu nehmen. Lassen Sie sich nicht von gesellschaftlichen Erwartungen lenken. Und vor allem: Wagen Sie den ersten Schritt. Der Anfang, der allererste Schritt, ist immer der schwierigste. Haben Sie diesen Schritt gewagt, werden die nächsten immer einfacher werden. Genau deshalb ist Kaizen eine der wirksamsten Methoden: Der erste kleine Schritt bringt Sie auf den richtigen Weg, doch Sie müssen keine Angst davor haben, über Nacht Ihr ganzes Leben umzukrempeln. Denken Sie stets daran, dass Veränderungen sowieso eintreten werden. Sie müssen sich ohnehin darauf einstellen, dass sich Ihr Rhythmus irgendwann in eine unbekannte Richtung bewegen wird. Also warum sollten Sie sich nicht direkt an der Veränderung beteiligen? So können Sie zumindest dafür sorgen, dass die Veränderungen in eine gewünschte Richtung gehen.

Beispiel:
Viele Menschen würden gerne „gesünder leben“. Doch womit fängt man an? Wie lebt man von einem Tag auf den anderen gesünder? Möglicherweise ist Ihr Gewicht Ihre größte Sorge oder Sie haben absolut keine Ahnung von gesunder Ernährung? Welcher der Punkte könnte Sie auf das Verbessern der anderen Punkte vorbereiten?

Wenn Sie beispielsweise Ernährung ausgewählt haben, dann brechen Sie diesen Punkt ebenfalls auf kleine Schritte herunter. Zum Thema Ernährung könnten Ihre Verbesserungen unter anderem lauten: mehr kochen, mehr Gemüse essen, mehr vegetarische Kost einbauen, mehr frisches Obst essen, auf zusätzliche Vitamine achten, mehr saisonal und regional essen, mehr ökologisch angebaute Produkte essen, weniger Zucker essen, weniger Fertigprodukte kaufen und vieles mehr.

Wählen Sie einen Unterpunkt und unterteilen Sie ihn nochmals in konkretere Maßnahmen, beispielsweise mehr frisches Obst essen. Überlegen Sie sich eine konkrete Maßnahme, die Sie in Ihren Alltag einbauen können. Beginnen Sie beispielsweise jeden Tag mit einem Stück Obst oder einem Glas Wasser mit frisch gepresstem Zitronensaft. Diese kleine Veränderung ist Ihr erster Schritt. Sie ist konkret und simpel. Sie kostet Sie keine extra Zeit. Sie können die Obsteinnahme einfach mit Ihrem Frühstück kombinieren. Dennoch ist dieser Schritt sehr effektiv, denn er wird Ihnen helfen, eine Gewohnheit aus der Einnahme von frischem Obst zu machen.

Im Anschluss setzen Sie dieses Vorgehen dann mit den nächsten Aufgaben des Kaizen fort:

Aufgabe:
Schreiben Sie Ihre Ziele auf, um nicht zu vergessen, welche Veränderungen Sie sich vornehmen wollen. Schauen Sie sich hierzu noch einmal an, welche Veränderungen Sie sich in der vorherigen Aufgabe notiert haben.

Beispiel:
gesünder leben – Fitness, Ernährung, Schlaf, Wasser, Gelenkigkeit, Entwicklung eines gesunden Essverhaltens etc.

- ______________________________
- ______________________________
- ______________________________
- ______________________________
- ______________________________
- ______________________________
- ______________________________
- ______________________________
- ______________________________
- ______________________________
- ______________________________
- ______________________________
- ______________________________
- ______________________________
- ______________________________
- ______________________________

1. Priorisieren Sie erste kleine Schritte – auch wenn Ihnen auf Anhieb tausend Dinge einfallen, die Sie gern verändern wollen würden, und brechen Sie diese wiederum herunter.

Beispiel:
gesündere Ernährung – mehr kochen, mehr Gemüse essen, mehr vegetarische Kost einbauen, mehr frisches Obst essen, auf zusätzliche Vitamine achten, mehr saisonal und regional essen, mehr ökologisch angebaute Produkte essen, weniger Zucker essen, weniger Fertigprodukte kaufen, gesunde Essroutinen entwickeln und vieles mehr

- ______________________________
- ______________________________
- ______________________________
- ______________________________
- ______________________________

2. Überlegen Sie, welche ersten Schritte am sinnvollsten sind, und starten Sie mit Ruhe. Andernfalls überfordern Sie sich möglicherweise. Jedes große Ziel lässt sich in viele kleine Einzelschritte zerteilen. Wählen Sie also wiederum einen Unterpunkt aus 2 aus und überlegen Sie sich konkrete Maßnahmen dazu.

Beispiel:
mehr frisches Obst essen – jeden Tag zum Frühstück ein Stück Obst oder ein Glas Wasser mit frisch gepresstem Zitronensaft, ausreichend Zufuhr von Nährstoffen, die Einnahme von regelmäßigen Mahlzeiten etc.

- ______________________________
- ______________________________
- ______________________________
- ______________________________
- ______________________________

3. Integrieren Sie die Maßnahme in Ihren Alltag.

Beispiel:
Machen Sie sich eine Notiz für den nächsten Einkauf, damit Sie daran denken, ausreichend Obst zu besorgen. Wenn Sie möchten, können Sie sogar so weit gehen, dass Sie sonntags bereits festlegen, an welchem Tag Sie was essen möchten: montags ein Glas Zitronenwasser, dienstags einen Apfel, mittwochs eine Handvoll Kirschen usw. – so müssen Sie unter der Woche nicht einmal darüber nachdenken, sondern greifen automatisch zu dem Nahrungsmittel, das für den jeweiligen Tag vorgesehen ist. Damit ersparen Sie sich eine Vielzahl an Überlegungen und sorgen im Alltag für weniger Stress.

- ______________________________
- ______________________________
- ______________________________
- ______________________________
- ______________________________
- ______________________________
- ______________________________
- ______________________________
- ______________________________
- ______________________________
- ______________________________
- ______________________________
- ______________________________
- ______________________________
- ______________________________

Sie erkennen schon: Mit Kaizen ist Veränderung gar nicht mehr so kompliziert und erschreckend, wie Sie bislang gedacht haben.

Damit Sie sich Ihrer Essgewohnheiten bewusstwerden und diese im Anschluss verändern können, ist es darüber hinaus wichtig, dass Sie ein Ernährungstagebuch führen, in dem Sie festhalten, was Sie wann und in welcher Lebenslage verzehrt haben. Auf diese Weise lassen sich nicht nur schlechte, sondern auch gute Essgewohnheiten identifizieren.

Da Sie Ihre Essgewohnheiten nur langsam ändern können, ist es wichtig, dass Sie die neuen Essgewohnheiten zu Ihrer Routine machen. Hierzu hat eine britische Studie, die die Gewohnheiten von Menschen untersucht hat, interessante Erkenntnisse sammeln können:

Erst nach einer Dauer von 66 Tagen sind wir in der Lage, unsere Gewohnheiten und unser Essverhalten dauerhaft anzupassen.

Darüber hinaus sollten Sie die in diesem Ratgeber angeführten Angaben zu Nährwerten und der entsprechenden Nahrungsmittelzufuhr beachten, um Ihren Körper mit den Stoffen zu versorgen, die er für einen gesunden Haushalt benötigt.

Hinweis:
Das Etablieren nachhaltiger Essgewohnheiten bedeutet nicht, dass Sie sich zukünftig all das verbieten müssen, was gut schmeckt. Vielmehr geht es darum, ebendiese Lebensmittel zu Ausnahmen in Ihrem Ernährungsplan zu machen und sich ansonsten gesund zu ernähren, um Ihr Essverhalten in einem gesunden Rahmen zu halten.

Neben der Theorie ist es zudem wichtig, dass Sie erkennen, warum es wichtig ist, alte Gewohnheiten zu verändern, und die Motivation entwickeln, an dieser Veränderung im Sinne Ihrer Gesundheit zu arbeiten.

Nachfolgend erhalten Sie hierzu eine Schritt-für-Schritt-Anleitung, die Ihnen in Ihrem Alltag dabei helfen kann, gesunde Essgewohnheiten leichter zu integrieren.

Übung 2: Anleitung zur einfachen Entwicklung gesunder Essgewohnheiten

Schritt 1:

- Beginnen Sie mit kleinen Schritten. Reduzieren Sie stückweise, was Ihrem Körper nicht guttut.

> **Beispiel:**
> - Reduzieren Sie Ihren Zuckerkonsum.
> - Bewegen Sie sich mehr.
> - Achten Sie auf ausreichend Gemüse bei Ihren Mahlzeiten.

- Machen Sie sich bewusst, dass die Umstellung Ihrer Ernährungsgewohnheiten nicht sofort am ersten Tag gelingen muss.

Schritt 2:

- Finden Sie Spaß an der Umstellung Ihrer Gewohnheiten. Freuen Sie sich auf einen gesunden Körper und ändern Sie Ihre Einstellung zu dieser Umstellung.
- Achten Sie darauf, auch kleine Erfolge zu feiern. Dies erhält Ihre Motivation und bestärkt Sie in Ihrem Tun.
- Machen Sie sich bewusst, warum Sie diese Veränderung wünschen, und bringen Sie Ihr Denken damit in eine positive Richtung.
- Machen Sie sich die Vorteile einer gesunden Ernährung bewusst.
- Motivieren Sie sich selbst, indem Sie in Ihrer Wohnung Post-its anbringen, auf denen Sie sich selbst bestärken. Bringen Sie diese Post-its so in Ihrer Wohnung an, dass Sie diese auf den Wegen durch Ihre Wohnung immer sehen.

Schritt 3:

- Kennen Sie Ihre Trigger. Ihr Essverhalten wird durch Angst, Stress oder ähnlich unangenehme Situationen massiv beeinflusst. Wenn Sie diese Trigger kennen, können Sie auf sie reagieren und einem potentiell ungesunden Verhalten besser entgegentreten.
- Sobald ein Trigger aufkommt, sollten Sie sich die Frage stellen, ob die Gewohnheit, die Ihnen nun in den Sinn kommt, dazu beiträgt, die belastende Situation aufzulösen, oder ob diese möglicherweise dazu beiträgt, dass sich diese verschlimmert.

Schritt 4:

- Ersetzen Sie alte Routinen durch neue Handlungsweisen. Ersetzen Sie daher negatives Verhalten durch gesunde Alternativen.

Beispiel:
Haben Sie in der Vergangenheit gerne zu Milchschokolade gegriffen, können Sie zukünftig auf Schokolade mit einem hohen, 70-prozentigen Kakaoanteil zurückgreifen.

- Tauschen Sie sich mit Gleichgesinnten aus, um sich gegenseitig zu unterstützen.

Schritt 5:

- Auch wenn es Ihnen schwerfällt, wird es sich lohnen, dranzubleiben.
- Denken Sie daran, dass eine Ernährungsveränderung nicht nur für Ihre Essstörung gut ist, sondern auch den Magen-Darm-Trakt durch das Ausleben gesunder Routinen unterstützen wird.
- Die Veränderung Ihres Essverhaltens wird dabei zudem für die Veränderung Ihres Denkens sorgen.

Schritt 6:

- Machen Sie sich bewusst, dass es immer wieder Rückschläge geben wird. Dies ist jedoch kein Grund, in Verzweiflung zu verfallen. Vielmehr ist es normal und ein wichtiger Bestandteil Ihres Genesungsprozesses.
- Neue Gewohnheiten benötigen Übung und Zeit. Betrachten Sie alte Gewohnheiten daher als nette Erinnerungen, die der Vergangenheit angehören.

Körperakzeptanz und positives Selbstbild

In aller Regel werden Essstörungen begleitet von einem negativen Selbstbild. Meist schließt sich hier eine eher verzerrte Körperwahrnehmung an. Umso wichtiger ist es, dass Sie für Ihre eigene Rückfallprävention dafür sorgen, dass Sie Ihren Körper akzeptieren und Ihr Selbstbild positiv bestärken.

Im Kontext Ihrer Genesung ist es dabei vor allem wichtig, dass Sie sich selbst mit Mitgefühl begegnen und akzeptieren, dass niemand perfekt ist. Auch wenn Ihre Selbstgespräche früher eher von Kritik geprägt waren, sollten Sie sich darin üben, Selbstmitgefühl zu generieren.

In der Praxis gelingt dies beispielsweise durch positive Affirmationen.

Definition: Affirmation

Der Begriff der Affirmation beschreibt eine Mentaltechnik, die helfen soll, die eigenen Gedanken auf das zu lenken, was im Unterbewusstsein verankert und gewünscht ist. Die Anwendung von Affirmationen gibt dem Unterbewusstsein eine neue Orientierung und ändert alte Denkgewohnheiten und damit auch den mentalen Gefühlszustand.

Die Art und Weise, wie Sie über sich selbst denken, beeinflusst daher nicht nur Ihre Gefühlslage, sondern auch Ihre Verhaltensweisen. Ihre Gedanken gehen gemäß der kognitiven Verhaltenstherapie nämlich Ihrem Verhalten voraus. Haben Sie demnach ein eher schlechtes Selbstbild, wird die Wahrscheinlichkeit auf einen Rückfall steigen. Umso wichtiger ist es, dass Sie lernen, gut zu sich selbst zu sein, und ein positives Selbstbild wahrnehmen.

In Ihrem Alltag können Sie hierbei beispielsweise auf die beschriebenen Affirmationen zurückgreifen, um die Strukturen Ihrer Gedanken zu verändern. Nachfolgend finden Sie hierzu einige Beispiele.

Aufgabe:

Nehmen Sie sich jeden Tag einige Minuten am Morgen oder am Abend Zeit und gehen Sie diese Affirmationen mental und in Ruhe durch. Dies wird Ihre Gedanken dauerhaft verändern und weiterhin zu einer fortschreitenden Genesung beitragen.

Inspirationen zu Affirmationen für eine bessere Körperakzeptanz und ein positiveres Selbstbild

- Ich bin gut so, wie ich bin, und gehe freundlich mit mir selbst um.
- Ich mag meinen Körper und schätze ihn für das, was er leistet.
- Ich akzeptiere mich und meinen Körper so, wie ich bin.
- Mein Gewicht bestimmt nicht meinen Wert und meine Kleidergröße sagt nichts über meinen Charakter aus.
- Ich liebe und respektiere mich so, wie ich bin.
- In meinem Körper fühle ich mich wohl.
- Ich bin ein attraktiver und schöner Mensch, der es wert ist, geliebt zu werden.
- Mein Körper ist mein Zuhause und der Grund, warum ich lebe.
- Ich behandele meinen Körper mit Respekt und halte ihn gesund.
- Ich entscheide mich dazu, meinen Körper gut zu behandeln.
- Ich ehre meinen Körper und bin gut zu ihm.
- Essen ist für meinen Körper kein Feind. Es versorgt ihn mit dem, was er benötigt, um mich gesund zu halten.
- Ich finde mich gut so, wie ich bin.
- Ich kann mich akzeptieren und lieben, so, wie ich bin.
- Auch wenn ich einen Rückschlag habe, liebe ich meinen Körper und weiß, dass wir das gemeinsam schaffen.
- Essen nährt und heilt mich und hält meinen Körper gesund.
- Ich trage die Verantwortung für meinen Körper.
- Es ist meine Aufgabe, gut zu mir selbst zu sein.
- Meine selbstkritischen Gedanken lasse ich los und respektiere meinen Körper so, wie er ist.

Wie die Affirmationen bereits zeigen, ist es wichtig, dass Sie Akzeptanz für Ihren eigenen Körper aufbringen und sich lieben lernen. Machen Sie sich dabei bewusst, dass Formen und Größen rein gar nichts über den Wert eines Menschen aussagen. Jeder Mensch ist einzigartig und das gilt auch für Sie.

Auch körperliche Aktivität kann Ihnen dabei helfen, ein besseres Körpergefühl zu entwickeln. Hierbei sollte Sport jedoch keine Strafe sein, sondern guttun und Sie gesund halten. Machen Sie sich dabei immer bewusst, dass Gesundheit eben nicht durch ein äußeres Erscheinungsbild definiert wird.

Das Erreichen einer gesunden Balance

„Gleichgewicht ist nicht etwas Statisches, sondern ein ständiges Anpassen von Gewichtsverlagerungen." – Linda Brakeall

Im Rahmen Ihrer Binge-Eating-Störung ist es für die Rückfallprävention wichtig, dass Sie eine gesunde Balance finden. Es geht nicht darum, penibel die Aufnahme der Kalorien zu überwachen. Vielmehr sollten Sie es sich zum Ziel machen, dass Sie langfristig ein gutes Gefühl dafür bekommen, wie Sie sich gesund und ausgewogen sowie in einem angepassten Rahmen ernähren. Das Erreichen einer gesunden Balance gelingt dabei nur, indem Sie langfristig dafür sorgen, dass Sie Gewohnheiten entwickeln, über die Sie nicht mehr nachdenken müssen. Frühstücken Sie beispielsweise jeden Tag zur selben Zeit. Schalten Sie in dieser Zeit elektronische Geräte ab, um sich bewusst auf das Essen einzulassen und dieses wahrzunehmen. Auf diese Weise verbessern Sie Ihr Verhältnis zur Nahrungsaufnahme und pflegen eine gesunde Beziehung zu dieser.

Als besonders hilfreich für eine gesunde Regulation des Essverhaltens hat sich im Rahmen diverser Studien ein gesunder Schlaf ergeben. Dieser ist wichtig für einen konstanten Insulinpegel, welcher wiederum ein Auslöser von Heißhungerattacken sein kann, wenn dieser zu sehr schwankt.

Darüber hinaus hat ein gesunder Schlaf auch einen Einfluss auf das Wohlbefinden und die Zufriedenheit und damit auch auf Ihre Stressresistenz und Ihren Appetit.

Tipp:
Um den Insulinspiegel niedrig zu halten, kann es hilfreich sein, wenn Sie im Rahmen Ihrer Ernährung auf eine gesunde Kombi aus Fett, Ballaststoffen und Eiweiß achten. Diese Nahrungsbestandteile sättigen lange und halten den Insulinspiegel konstant.

Beispiele:

- Avocado auf Vollkornbrot
- Griechischer Joghurt mit Beeren und Nüssen
- Lachs mit Quinoa und gedünstetem Gemüse
- Gemüseomelett mit Avocado
- Quark mit Haferflocken und Beeren
- Hüttenkäse mit Apfelscheiben und Mandeln
- ...

Zur Erreichung einer gesunden Balance können Sie damit einiges tun. Für Ihr Essverhalten können Sie beispielsweise auf folgende Punkte Ihr Augenmerk legen:

- Nehmen Sie regelmäßige Mahlzeiten ein. Auf diese Weise bleibt Ihr Blutzuckerspiegel von Schwankungen verschont und Ihr Körper wird konstant mit Energie versorgt.
- Nehmen Sie Mahlzeiten ohne Ablenkung zu sich. Beachten Sie, welche Geschmäcker Sie wahrnehmen, und konzentrieren Sie sich auf Ihr Sättigungsgefühl und die Signale, die Ihr Körper Ihnen hierzu erteilt.
- Als Snacks können Sie beispielsweise auf Nüsse und Obst zurückgreifen, um Heißhungerattacken entgegenzuwirken.
- Bewegen Sie sich regelmäßig, um Ihren Stresspegel zu senken. Teilen Sie außerdem Ihr Befinden mit Vertrauten, dies kann dazu beitragen, dass Sie negative Gedanken loslassen und sich auf das Hier und Jetzt konzentrieren können. Sollten Sie Ihre Gedanken nicht mit Angehörigen und Freunden teilen können, kann es für eine gesunde Balance hilfreich sein, wenn Sie sich eine entsprechende Selbsthilfegruppe suchen. Weiterführende Infos finden Sie innerhalb des entsprechenden Kapitels dieses Buches.

Hinweis:
Vergessen Sie bei der Umsetzung all dieser Tipps nicht, dass jeder für sich individuell ist. Nicht alles wird bei allen Personen gleich wirken. Es ist daher wichtig, dass Sie für sich herausfinden, was hilfreich für Ihren Genesungsprozess ist beziehungsweise was diesen eher behindert oder erschwert. Scheuen Sie sich hier nicht, verschiedene Methoden auszuprobieren, um für sich herauszufinden, was sich richtig anfühlt.

Bonus: Die Segel neu setzen

Im Verlauf Ihrer Binge-Eating-Erkrankung mussten Sie viele Herausforderungen auf sich nehmen. Dennoch haben Sie es geschafft, sich diesen zu stellen und Ihrem Essverhalten entgegenzutreten. Schlechte Erfahrungen, die Sie auf diesem Weg gemacht haben, sollten Sie dabei nicht entmutigen. Vielmehr kann es ratsam sein, wenn Sie diese als Lektionen betrachten, aus denen Sie lernen konnten, um positive Veränderungen voranzubringen.

Sie haben praktische Schritte und Strategien an die Hand bekommen, die Sie auf diesem Weg zu mehr Selbstakzeptanz und Selbstfürsorge unterstützen können. Auch die Aufrechterhaltung von Fortschritten und Methoden zur Motivation Ihrer eigenen Person haben Sie kennengelernt. Nachfolgend wird es daher darum gehen, Erfolgsgeschichten vorzustellen und Sie auf diesem Weg zu inspirieren und zu motivieren, damit Sie Ihre Genesung weiterhin fortsetzen können und zu einem gesünderen Leben finden.

Erfolgsgeschichten und Inspirationen

Mit Ihrer Essstörung sind Sie nicht allein. Allein in Deutschland sind Statistiken des Robert-Koch-Instituts zufolge 33,6 Prozent aller 14- bis 17-jährigen Mädchen von einer Essstörung betroffen. Jungen im selben Alter trifft diese Erkrankung zu 12 Prozent.

Nicht nur junge Menschen kämpfen mit dieser Erkrankung. Auch bei Erwachsenen verbreitet sich die Erkrankung zunehmend. Die Häufigkeit verteilt sich dabei nach Altersgruppen wie folgt:

Alter	**Häufigkeit**
12 bis 17 Jahre	27 %
18 bis 24 Jahre	16,8 %
30 bis 39 Jahre	0,2 %
40 bis 49 Jahre	35,4 %
50 bis 59 Jahre	72,2 %
60 Jahre und älter	61,6 %

Die Verteilung erstreckt sich dabei über einen Messzeitraum von 2010 bis 2020. Wie Sie anhand der tabellarischen Auflistung erkennen können, sind Essstörungen heute kein Einzelfall mehr. Die Gründe hierfür haben Sie im Rahmen des Ratgebers bereits kennengelernt, weshalb diese an dieser Stelle nicht mehr aufgegriffen werden. Vielmehr soll es im Rahmen des Kapitels darum gehen, Ihnen Erfolgsgeschichten vorzustellen, in denen Sie sich wiederfinden und mit deren Hilfe Sie den Mut entwickeln, auch gegen Ihre Essstörung anzugehen.

Fallbeispiel 1:
Lena ist 21 Jahre alt. Ihre Kindheit war nicht sehr glücklich. Ihre Eltern arbeiteten viel und Aufmerksamkeit und Anerkennung waren eher die Seltenheit. Das hat Lena immer sehr belastet. Sprechen konnte sie mit ihren Eltern darüber aber nicht. Die Angst, ihre Eltern könnten sie dann nicht mehr mögen, saß viel zu tief. Wenn sie gefragt wird, wann die Binge-Eating-Störung bei ihr begonnen hat, kann sie dies gar nicht mehr so richtig beantworten. Was sie aber weiß: Meist haben sich die Essanfälle aus dem Nichts angeschlichen. Dann hat sie gegessen, was sie in den Mund kriegen konnte. In einigen Fällen, daran erinnert sie sich genau, hat sie die aufgenommene Nahrung nicht mal richtig gekaut. War ein Essanfall vorüber, fühlte sie sich meistens schuldig. Hinzu kam ein übermäßiges Schamgefühl darüber, was gerade passiert ist.

Als ihr bewusst wurde, was da eigentlich mit ihrem Körper passiert, war die Essstörung bereits weit fortgeschritten. Dennoch merkte sie, dass sie etwas ändern musste. Nach langem Kampf mit sich selbst begann sie, sich auf den entsprechenden Seiten zu Essstörungen zu belesen und ihrem Verhalten auf die Spur zu gehen. Sie weiß noch genau, das, was sie da gelesen hat, war nicht leicht für sie. Es hat sie erschrocken und zunächst einmal dazu geführt, dass sie versuchen wollte, das neu erworbene Wissen auszublenden. Als sie von engen Freunden darauf angesprochen wurde und auch erste körperliche Symptome eintraten, entschied sie sich, mit Unterstützung von ihnen Hilfe in Anspruch zu nehmen. Das ist ihr alles andere als leichtgefallen. Dennoch, so weiß sie heute, war es die beste Entscheidung ihres Lebens. Mithilfe von Verhaltenstherapie und den dort erlernten Techniken konnte sie, zwar mit viel Mühe, bereits nach kurzer Zeit erste Erfolge erzielen. Dennoch verlief der Heilungsweg dabei nicht immer geradlinig. Auf dem Weg der Genesung musste Lena viele Rückschläge hinnehmen. Zur Aufrechterhaltung ihrer Motivation und zur Unterstützung ihres Genesungsweges hat sie sich auf Anraten einer engen Freundin dann entschieden, sich im Rahmen einer Selbsthilfegruppe mit Menschen auszutauschen, denen Ähnliches widerfahren ist. Das hat Lena, so sagt sie, im Verlauf ihrer Heilung am meisten geholfen. Bei einer Sache ist sie sich sicher: Alleine hätte sie es nicht geschafft, diesen Weg einzuschlagen und sich besser um sich selbst zu kümmern. Heute, drei Jahre später, ist sie seit etwa einem Jahr völlig frei von Essanfällen. Sie hat gelernt, gesunde Routinen zu entwickeln und sich in ihrem Alltag besser zu ernähren. Auch die Strukturierung ihres Alltags war für ihre Genesung ein wichtiger Bestandteil. Sie ist dankbar, diesen Weg auf sich genommen zu haben, auch wenn dieser nicht immer einfach war.

Fallbeispiel 2:
„Meine Reise zur Genesung von meiner jahrelangen Binge-Eating-Störung hat bereits vor 4 Jahren begonnen. In der Zeit davor war ich gefangen in einem Teufelskreis. Mein Alltag drehte sich ausschließlich um die übermäßige Aufnahme von Nahrung, unendliche Schuldgefühle und eine im ungesunden Maß vorhandene Unzufriedenheit mit meinem eigenen Körper. Bis dahin dachte ich, dass man in meinem Alter, damals 57 Jahre, nicht mehr an einer solchen Krankheit erkranken könnte. Damit lag ich ziemlich falsch.

Als ich am Tiefpunkt meines Lebens angekommen war und keinen Ausweg mehr sah, habe ich mich meinem Ehemann anvertraut. Dieser hatte bis dato schon einige Male versucht, mit mir darüber zu sprechen, dass er mein Essverhalten nicht gesund fand. Zumindest weiß ich das heute. Gemeinsam mit seiner Unterstützung konnte ich im Kontext einer Therapie mein Essverhalten verbessern. Hier habe ich gelernt, mein eigenes Verhalten zu reflektieren und mein Leben zu verändern.

Außerdem habe ich im Rahmen der Therapie gelernt, dass meine Emotionen für den unkontrollierbaren Drang, zu essen, verantwortlich waren. Erst mit der Therapie konnte ich hier eine Wendung erzeugen und neue Wege identifizieren, wie ich mit meinen Emotionen besser umgehen kann. Der wichtigste Bestandteil dieses Prozesses war die Umstellung auf eine ausgewogene und gesunde Ernährung. Hier war mein Mann eine besondere Stütze. Aber auch die Zusammenarbeit mit entsprechenden Ernährungsexperten hat mich ungemein unterstützt, mein Essverhalten zu normalisieren.

Auch im sozialen Umfeld habe ich nach meiner Offenheit bezüglich meiner Erkrankung mehr und mehr Unterstützung erfahren. So kam es, dass auch meine Freunde und Familie eine entscheidende Rolle im Verlauf meiner Genesung einnahmen und mir, wann immer ich emotional im Ungleichgewicht war, maßgeblich zur Seite standen. In diesem Kontext waren vor allem gemeinsame Unternehmungen und der offene Austausch wichtige Säulen meiner Genesung.

Natürlich verlief auch mein Heilungsprozess nicht ohne Hindernisse. Hin und wieder fiel ich in alte Verhaltensweisen zurück und fand mich in einem Kreis von Schuld und Scham wieder. Auch das war Teil des Veränderungsprozesses. Mithilfe meiner Therapeutin habe ich jedoch gelernt, dass ich ebendiese Rückfälle nicht als Scheitern betrachten soll, sondern vielmehr als Möglichkeit, über mich hinauszuwachsen.

Auch heute noch gibt es immer wieder Momente, in denen es mir schwerfällt, gesunde und ausgewogene Essroutinen einzuhalten. Dies wird wohl für immer ein Bestandteil meines Lebens bleiben. Dennoch kann ich sagen, dass ich nicht mehr zu Essanfällen neige und bereits seit einigen Jahren sehr stabil und nicht mehr sozial isoliert lebe. Dafür bin ich dankbar."

Fallbeispiel 3

„Wann immer mich dieser Drang überfallen hat, konnte ich mich auf nichts anderes mehr konzentrieren als auf das Essen. Das Tempo, dass ich dann zurücklegte, war unglaublich. Heute weiß ich, dass es nur daran lag, dass ich Angst hatte, zu realisieren, was ich da gerade eigentlich tue", erinnert sich Tom, 31 Jahre alt.

Blickt er auf seine Binge-Eating-Störung zurück, ist der Weg zur Genesung aus seiner Sicht mit erheblichen Rückschlägen gepflastert. Trotzdem, so sagt er, schafft er es heute, ausgewogen und gesund zu leben und Essattacken zu vermeiden.

„Wenn der Wille da ist, kann jeder diesen Weg hinter sich bringen. Es wird sicher kein Spaziergang. Aber wo ein Wille, da ein Weg!", ermuntert Tom.

Auch für ihn war es schwierig, Hilfe anzunehmen und sich überhaupt einzugestehen, dass er diese benötigt. Ein Phänomen, mit dem viele Betroffene kämpfen.

„Mein erster Schritt war eigentlich der Austausch mit meiner Mutter. Sie hat bereits früh gemerkt, dass es mir nicht gutgeht. Einordnen konnte Sie es natürlich nicht sofort. Aber sie hat mich lange beobachtet und sich noch länger Sorgen gemacht", erzählt Tom.

Dieser Schritt war für Tom ein emotionaler Durchbruch. Zum ersten Mal war es ihm möglich, seine Ängste und Unsicherheiten zu teilen. Dennoch fiel ihm dieser Schritt alles andere als leicht. Zudem war er begleitet von Schuld und Scham, vor allem, als er damit begann, sich mit seinem Essverhalten auseinanderzusetzen.

„Meine Mutter hat mich damals ermutigt, Hilfe anzunehmen. Sie hat mir gesagt, dass ich mich nicht schämen muss. Auch hat sie viel recherchiert, um mir zu zeigen, dass ich mit diesem Problem nicht alleine bin und dass es weltweit viele Betroffene gibt. So konnte ich mir Hilfe holen und hatte den Mut, mich mit einem Therapeuten auszutauschen", erinnert sich Tom.

Im Verlauf der Therapie lernte er, seine eigene Gefühlswelt besser zu verstehen. Auch hat ihm der Therapeut Hilfestellung bei der Bewältigung seiner Emotionen gegeben. In erster Linie hat er gelernt, das eigene Verhalten zu reflektieren. Dabei half ihm unter anderem sein Ernährungstagebuch. Dieses war essenziell für seine langfristige Genesung.

Neben seiner Mutter haben seine engsten Freunde eine wichtige Rolle im Verlauf seiner Genesung eingenommen. Sie haben einen offenen Austausch ermöglicht und waren da, wenn er selbst nicht für sich da sein konnte.

„Auch mein Weg war von Rückschlägen geprägt. Vor allem das gesunde und ausgewogene Ernähren fiel mir von Anfang an schwer. Mein Wille, meine Essstörung zu überwinden, war aber größer, sodass ich heute sagen kann, ich bin bereits seit einem halben Jahr frei von Essanfällen. Das bestärkt mich darin, weiterzumachen", erklärt Tom.

Die Fallbeispiele zeigen, dass die Überwindung Ihrer Essstörung mühsam sein kann. Vielfach ist der Weg von Herausforderungen geprägt. Dennoch ist es möglich, ein gesundes und ausgewogenes Essverhalten zu etablieren und aus der Essstörung herauszufinden. Die wichtigsten Begleiter sind für Sie dabei Ihre Selbstreflexion, der Mut, sich helfen zu lassen, sowie vor allem auch das Durchbrechen von alten Routinen, die nicht gesund für Sie waren.

Es ist keine Schwäche, sich mit Fachleuten auszutauschen, die auf diesem Gebiet über Expertenwissen verfügen und Sie bei Ihrer Genesung professionell anleiten können. Jede Herausforderung auf dem Weg zu einem gesünderen Essverhalten sollten Sie dabei dazu nutzen, über sich selbst hinauszuwachsen und zu einem gesunden Leben zurückzufinden.

Motivierende Zitate und Tipps zur Selbstmotivation

Im Rahmen dieses Kapitels finden Sie eine Reihe von motivierenden Zitaten, die Sie innerhalb Ihres Genesungsverlaufs unterstützen sollen. Darüber hinaus erhalten Sie Tipps, wie Sie sich selbst im Verlauf dieses Prozesses besser motivieren können.

Zitate zur Motivation

„Du musst genau das machen, wovon du glaubst: Das kann man nicht machen." — Eleanor Roosevelt

„Wünsche dir nicht, dass es einfacher wäre. Wünsche dir, dass du besser darin wirst." — Jim Rohn

„Ich kann nicht sagen, ob es besser wird, wenn es anders wird. Aber so viel kann ich sagen: Es muss anders werden, wenn es besser werden soll."
— Georg Christoph Lichtenberg

„Träumen Sie so weit Sie sehen, und wenn Sie dort angekommen sind, können Sie weiterblicken." – Zig Ziglar

„Wege entstehen dadurch, dass man sie geht." — Franz Kafka

„Der höchste Lohn für unsere Bemühungen ist nicht das, was wir dafür bekommen, sondern das, was wir dadurch werden." — John Ruskin

„Wir können den Wind nicht ändern, aber die Segel anders setzen." — Aristoteles

„Gefühl von Grenze darf nicht heißen: hier bist du zu Ende, sondern: hier hast du noch zu wachsen!" — Emil Gött

„Es ist nicht von Bedeutung, wie langsam du gehst, solange du nicht stehen bleibst." — Konfuzius

„Scheitern ist einfach nur eine Möglichkeit, es nochmals zu versuchen. Dieses Mal intelligenter." — Henry Ford

„Eine positive Einstellung zu lösbaren Problemen ist bereits der halbe Erfolg." — Ernst Ferstl
„Der Wert einer Idee liegt in ihrer Umsetzung." — Thomas Alva Edison

„Stärke wächst nicht aus körperlicher Kraft – vielmehr aus unbeugsamem Willen." — Mahatma Gandhi

„Wer etwas Großes will, der muss sich zu beschränken wissen, wer dagegen alles will, der will in der Tat nichts und bringt es zu nichts." — Georg Wilhelm Friedrich Hegel

Tipps zur Selbstmotivation

In der Praxis gehört die Selbstmotivation zu den größten Herausforderungen Ihres Genesungsprozesses. Es ist daher wichtig, dass Sie geduldig mit sich sind und schrittweise vorgehen, ohne sich selbst zu überfordern. Zur Selbstmotivation im Alltag können die nachfolgenden Tipps sinnvoll sein:

- **Reflektieren Sie sich selbst!**

Es ist wichtig, dass Sie die Auslöser für Ihre Anfälle analysieren. Finden Sie heraus, in welchen Situationen Ihre Emotionen und Gedanken dazu führen, dass Sie die Sucht nach Essen verspüren. Fragen Sie sich auch, wie es Ihnen geht, was Sie brauchen und was Ihnen guttut. Betreiben Sie also aktive Selbstfürsorge für sich und Ihren Körper, beispielsweise durch:

1. Achtsame Körperwahrnehmung: Nehmen Sie sich Zeit, Ihren Körper bewusst wahrzunehmen. Achten Sie auf Spannungen, Bedürfnisse und Signale, die er Ihnen sendet.

2. Massage und Berührung: Gönnen Sie sich Massagen oder sanfte Berührungen. Dies kann nicht nur entspannend sein, sondern auch das Körperbewusstsein stärken.

3. Selbstliebe und Akzeptanz: Akzeptieren Sie Ihren Körper so, wie er ist. Kultivieren Sie Selbstliebe und positive Selbstgespräche, um ein gesundes Körperbild zu fördern.

4. Yoga oder Tai-Chi: Diese Praktiken fördern nicht nur die körperliche Gesundheit, sondern auch Entspannung und Achtsamkeit.

5. Wasseranwendungen: Genießen Sie ein entspannendes Bad oder eine erfrischende Dusche. Wasseranwendungen können nicht nur den Körper reinigen, sondern auch Stress abbauen.

6. Gesunde Erholung: Gönnen Sie sich ausreichend Schlaf und Erholung. Ein gut ausgeruhter Körper unterstützt nicht nur die physische, sondern auch die mentale Gesundheit.

7. Gesunde Ernährungsgewohnheiten: Achten Sie auf eine ausgewogene Ernährung mit frischen, nährstoffreichen Lebensmitteln. Hören Sie auf die Bedürfnisse Ihres Körpers und essen Sie intuitiv.

8. Körperliche Aktivität: Finden Sie Freude an Bewegung. Ob Spaziergänge, Tanzen oder Sport – wählen Sie Aktivitäten, die Ihnen Spaß machen und gut für Ihren Körper sind.

9. Regelmäßige Gesundheitschecks: Planen Sie regelmäßige Untersuchungen und Gesundheitschecks, um potenzielle Probleme frühzeitig zu erkennen.

10. Positive Körperpraktiken: Integrieren Sie positive Körperpraktiken wie in diesem Buch aufgelistete Atemübungen, progressive Muskelentspannung oder Qi-Gong in Ihre Routine, um Stress abzubauen.

11. Natürliche Umgebung: Verbringen Sie Zeit in der Natur, um sich zu erden und frische Energie zu tanken. Spaziergänge im Grünen können eine heilsame Wirkung auf Körper und Geist haben.

12. Digitale Entgiftung: Planen Sie regelmäßige Pausen von digitalen Geräten, um Ihre Augen zu schonen und geistige Klarheit zu fördern.

Denken Sie daran, dass Selbstfürsorge individuell ist. Finden Sie heraus, was für Sie persönlich am besten funktioniert und in welcher Form Sie Ihrem Körper die Aufmerksamkeit und Pflege schenken können, die er verdient.

- **Formulieren Sie erreichbare Ziele!**

Auch wenn Sie Ihre Ziele gerne schnell erreichen möchten, ist es wichtig, dass Sie kleine Schritte machen, um sich selbst nicht zu überfordern. Auf diese Weise unterstützen Sie Ihre kleinen Erfolgserlebnisse und gelangen schrittweise an Ihr Ziel. Das bestärkt Ihr Selbstvertrauen und wird langfristig dazu führen, dass Sie sich selbst besser motivieren können. Wichtig ist hier auch, dass Sie sich selbst für erfolgte Fortschritte belohnen. Dies schafft auf Dauer eine gesunde Verhaltensweise.

• Führen Sie ein Tagebuch!
Wie Sie bereits in vorangegangenen Kapiteln erfahren haben, kann es für die Prävention von Rückfällen sinnvoll sein, wenn Sie zur Selbstreflexion ein Tagebuch führen, in dem Sie neben Ihren Essgewohnheiten auch Ihre jeweiligen Emotionen und Gedanken festhalten. Dieses Vorgehen trägt dazu bei, dass Sie die Muster hinter Ihren Binge-Eating-Attacken erkennen und sich selbst besser verstehen lernen.

• Sprechen Sie sich selbst gut zu!
Ein positives Selbstgespräch verändert Ihre Denkweise und damit auch Ihr Handeln. Wenn Sie darauf achten, welche Sprache Sie sich selbst gegenüber nutzen, können Sie dazu beitragen, dass die Motivation zur Genesung erhalten bleibt. Nutzen Sie hier vor allem wohlwollende Worte oder Affirmationen, die Sie in Ihrem Tun bestärken.

• Seien Sie achtsam mit sich selbst!
Achtsamkeit ist nicht nur für Ihre Gedankenmuster wichtig. Sie ist auch in Bezug auf Ihr Essverhalten ein unabdingbarer Bestandteil, den Sie nicht unterschätzen sollten. Schalten Sie während des Essens Ablenkungen ab und konzentrieren Sie sich nur darauf. Versuchen Sie, das Essen bewusst wahrzunehmen, und hören Sie auf Ihr Sättigungsgefühl. Hier kann es beispielsweise auch hilfreich sein, wenn Sie ein Essprotokoll führen. Dieses könnte die nachfolgenden Informationen enthalten:

- Uhrzeit der eingenommenen Mahlzeit
- Beschreibung der Esssituation
- Emotionen während der Einnahme der Mahlzeit
- vorhandenes Hungergefühl in Prozent
- Beschreibung dessen, was gegessen wurde (auch Mengenangabe)
- Sättigungsgefühl nach Einnahme der Mahlzeit in Prozent
- Handelte es sich um einen Essanfall?
- Wurden gewichtsregulierende Maßnahmen durchgeführt? (Erbrechen, Sport, Medikamente, ...)
- Emotionen nach Einnahme der Mahlzeit

• Bauen Sie Stress ab!
Stress ist für viele Erkrankte einer der größten Trigger für das Binge Eating. Aus diesem Grund ist es wichtig, dass Sie Stress in Ihrem Alltag den Kampf ansagen. Treiben Sie Sport oder praktizieren Sie Entspannungstechniken, wie beispielsweise Yoga oder Meditation, um Stress abzubauen und für mehr innere Ausgeglichenheit zu sorgen.

- **Rückschläge sind Teil Ihrer Genesung!**

Vergessen Sie bei all Ihren Bemühungen nicht, dass auch Rückschläge im Genesungsprozess zum normalen Ablauf gehören. Gehen Sie daher nicht zu hart mit sich selbst ins Gericht und akzeptieren Sie, dass diese dazugehören. Jeder Rückschlag bietet Ihnen die Möglichkeit, aus diesem zu lernen und es im nächsten Versuch besser zu machen.

Zukunftspläne und der Fokus auf ein erfülltes Leben

Auch wenn Ihr Genesungsprozess anstrengend sein kann und mit einer Vielfalt an Herausforderungen im Zusammenhang steht, lohnen sich Ihre Anstrengungen. Verbessern Sie Ihre Essgewohnheiten und Routinen, kann dies dazu beitragen, dass Sie Zukunftspläne machen und zu einem erfüllten Leben zurückfinden können. Den Ausgangspunkt dieses Zustands bilden die Selbstreflexion und damit einhergehend die Selbstfürsorge. Diese dienen Ihnen nicht nur dazu, Ihre Binge-Eating-Störung besser zu verstehen, sondern können Sie auch unterstützen, Ihre eigenen Werte und Ziele zu erkennen. Sie tragen dazu bei, dass Sie Ihre Gefühlswelt besser kennenlernen und auf diese Weise zu einem erfüllteren und selbstbestimmteren Leben finden.

Auf dem Weg der Genesung kann das Bewusstmachen von Zielen oder Ihren persönlichen Träumen außerdem dazu beitragen, dass Sie sich in schwierigen Phasen besser motivieren und an diesen festhalten können.

Hinweis:
Sie haben in diesem Ratgeber eine grundlegende Übung zum Kaizen kennengelernt, die sich universell anwenden lässt. Die im Rahmen dieses Buches vorgestellte Übung können Sie auch für sich transformieren und Sie nutzen, um sich Ihre eigenen Ziele und Träume in anderen Lebensbereichen bewusst zu machen. Seien Sie mutig und trauen Sie sich aus Ihrer Komfortzone.

Sollten Sie im Alltag wieder vor Herausforderungen bezüglich Ihrer Binge-Eating-Störung gestellt werden, können Ziele dazu beitragen, diese besser auszuhalten, und Ihnen Kraft geben. Dies kann auch im Genesungsprozess bedeutsam sein, wenn es darum geht, Ihr Essverhalten langfristig zu verbessern. Identifizieren Sie daher Ihre eigenen Werte und setzen Sie sich damit auseinander, worin Sie für sich den Sinn des Lebens definieren. Das Nachdenken über diese Punkte bestärkt Sie positiv und kann zur Verbesserung Ihres Essverhaltens beitragen. Dies können Sie durch Achtsamkeitsübungen unterstützen. Diese helfen Ihnen, im Hier und Jetzt zu sein und den gegenwärtigen Moment besser wahrzunehmen. Auf diese Weise können Sie auch im Kontext von sich auftuenden Herausforderungen bewusstere Entscheidungen für oder gegen etwas treffen (vor allem im Hinblick auf das Beibehalten eines gesunden Essverhaltens). Folgende Übung können Sie hierzu durchführen:

Achtsamkeitsübung:

Eine der einfachsten Achtsamkeitsübungen ist die sogenannte Rosinenübung. Für diese benötigen Sie nur eine kleine Rosine, ein anderes Stück Trockenobst oder auch eine Nuss nach Ihrem Belieben. Nehmen Sie sich einen Moment Zeit und praktizieren Sie das achtsame Essen der Rosine. Beginnen Sie wie folgt:

1. Schritt: Visuelle Erfassung

Nehmen Sie die Rosine (oder was immer Sie essen) in die Hand und begutachten Sie sie genau. Welche Farbe hat die Rosine? Schimmert sie? Ist die Haut runzelig oder glatt? Was fällt Ihnen noch auf? Versuchen Sie, die Rosine visuell so intensiv wie möglich wahrzunehmen. Ganz wichtig bei dieser Übung: Bewerten Sie nicht. Konzentrieren Sie sich auf die reine Wahrnehmung. Sagen Sie sich also nicht Dinge wie: „Die Rosine sieht eklig runzelig aus.“ – sagen Sie lieber: „Die Rosine hat eine runzelige Haut.“

2. Schritt: Haptische Erfassung

Haben Sie die Rosine visuell erfasst, gehen Sie zur Haptik über. Wie fühlt sich die Rosine an? Ist sie weich oder hart? Warm oder kalt? Rau oder glatt? Nehmen Sie sich auch hier ruhig einen langen Augenblick Zeit.

3. Schritt: Olfaktorische Erfassung

Anschließend gehen Sie zum Geruchssinn über. Riechen Sie etwas, wenn Sie an der Rosine schnuppern?

4. Schritt: Auditive Erfassung

Haben Sie auch das gemacht, dürfen Sie gerne noch sanft auf die Rosine drücken und horchen, ob Sie irgendwelche Geräusche wahrnehmen.

5. Schritt: Gustatorische Erfassung

Dann erst nehmen Sie die Rosine in den Mund. Bevor Sie sie jedoch zerkauen, nehmen Sie sich auch jetzt noch einen Moment Zeit, um die Rosine vollständig zu erfassen. Fahren Sie mit der Zunge darüber, spüren Sie, wie sie sich anfühlt. Beißen und kauen Sie sanft und beobachten Sie, was passiert. Tritt Saft aus? Wie schmeckt die Rosine? Achten Sie hier ganz besonders darauf, dass Sie sich nicht zu einem „gut“ oder „schlecht“ verleiten lassen. Sagen Sie lieber „süß“, „saftig“, „sauer“, „herb“ – was immer Ihnen einfällt, um die Rosine bestmöglich zu beschreiben. Wenn Sie den Geschmack vollständig erfasst haben und Ihnen auch sonst nichts weiter auffällt (hören Sie Ihre eigenen Kaugeräusche?), schlucken Sie die Rosine herunter.

Die ganze Übung wird Ihnen bewusst machen, wie viele Eindrücke im Alltag verloren gehen. Das Beste an der Übung: Sie kostet Sie nur wenige Minuten und Sie benötigen nur ein kleines Stück Trockenobst oder ein ähnliches Nahrungsmittel. Die Übung lässt sich daher bestens in den Alltag einbauen.

Heilung verläuft nicht linear ...

Sie sind am Ziel angekommen. Im Verlauf des Ratgebers haben Sie einige Techniken erhalten, die Ihnen in Ihrem Genesungsprozess hilfreich sein können. Auch wenn Ihr Genesungsprozess von Höhen und Tiefen geprägt sein wird, sollten Sie sich immer wieder ins Bewusstsein rufen, dass Sie auf einem guten Weg sind, bereits einige Herausforderungen gemeistert haben und sich daher auch den noch folgenden mutig stellen können. Seien Sie sich darüber im Klaren, dass ein Heilungsprozess, ganz gleich, welche Erkrankung vorliegt, nicht linear verläuft.

Im Rahmen Ihrer Genesung ist es daher wichtig, dass Sie genau dies akzeptieren und jede noch so kleine Niederlage nutzen, um daraus zu lernen.

Wann immer Ihre Gedanken zu Zweifeln neigen, sollten Sie an die Werkzeuge denken, die Sie im Rahmen des Ratgebers als Rüstzeug für die Überwindung einer Binge-Eating-Störung erhalten haben. Machen Sie kleine Schritte und wachsen Sie daran. Ebenso wie die Personen, die Sie in diesem Buch kennengelernt haben, haben auch Sie die Kraft, alte Gewohnheiten hinter sich zu lassen und neue zu etablieren.

Nehmen Sie Ihre Binge-Eating-Störung dabei als Teil Ihrer Geschichte an und seien Sie bereit, Veränderungen loszutreten, die Sie langfristig in ein zufriedeneres und gesünderes Leben führen werden. Akzeptieren Sie Ihre Situation und seien Sie weniger kritisch mit sich selbst. Machen Sie sich bewusst, was Sie bereits geschafft haben!

In diesem Sinne: Nur Mut!

Literaturverzeichnis und weiterführende Broschüren

• Essstörungen wirkungsvoll vorbeugen Die Programme PriMa, TOPP und Torera zur Primärprävention von Magersucht, Bulimie, Fress-Attacken und Adipositas Berger, Uwe Kohlhammer Verlag 2008.

• Essstörungen Compact Gesundheit aktuell Ursachen und Risikofaktoren – Hilfe und Unterstützung Bundesfachverband Essstörungen (Hrsg.) Compact Verlag 2008.

• Nimmersatt + Hungermatt Essstörungen bewältigen Jenker, Marina Frauenoffensive Verlag 2007.

• Ess-Störungen für Dummies Den Weg zurück ins Leben schaffen Schulherr, Susan Wiley-Vch Dummies Verlag 2009.

• Essstörungen und die Suche nach Identität Ursachen, Entwicklungen und Behandlungsmöglichkeiten Stahr, Ingeborg; Barb-Priebe, Ingrid; Schulz, Elke Juventa Verlag 2009.

• Irrtum Übergewicht Hebebrand, Johannes; Simon, Claus P. Zabert Sandmann Verlag 2008.

• Essstörungen Ursachen, Symptome, Therapie Cuntz, Ulrich; Hillert, Andreas Beck Verlag 2008.

• Essen will gelernt sein Ein Arbeits- und Rezeptbuch Gerlinghoff, Monika; Backmund, Herbert Beltz Verlag 2010.

• Essstörungen Aufklärung, Beratung, Therapie Schuch, Sonja Studien Verlag 2009.

• Irrtum Übergewicht Hebebrand, Johannes; Simon, Claus P. Zabert Sandmann Verlag 2008.

• Ratgeber Magersucht Informationen für Betroffene und Angehörige Paul, Thomas; Paul, Ursula Hogrefe-Verlag 2008.

• Familientherapie bei Essstörungen Reich, Günter Hogrefe Verlag 2003.

• Essstörungen Was Eltern und Lehrer tun können Baeck, Sylvia Balance Buch + Medien Verlag 2007.

• Bundeszentrale für gesundheitliche Aufklärung (o. D.): Essstörungen – eine Orientierung. Für Eltern, nahestehende Personen, pädagogische und psychosoziale Fachkräfte. (Broschüre kann kostenlos unter www.bzga.de oder per E-Mail unter order@bzga.de bestellt werden).

• Zeeck, Almut Prof. Dr. med. / Herpertz, Stephan Prof. Dr. med. / Deutsche Gesellschaft für Essstörungen e.V. (2015): Patientenleitlinie. Diagnostik und Behandlung von Essstörungen. Online unter: https://register.awmf.org/assets/guidelines/051-026p_Essstoerungen_2015-06_01.pdf.

- Bundeszentrale für gesundheitliche Aufklärung (o. D.): Essstörungen. Leitfaden für Eltern, Angehörige und Lehrkräfte. Online unter: https://www.uni-wuerzburg.de/fileadmin/32500600/Broschueren/Essstoerungen_Leitfaden.pdf.
- Barmer GEK (o. D.): Immer Ärger mit dem Essen ... Essstörungen erkennen und handeln. Ratgeber für Angehörige.
- MediClin Hedon Klinik (2010): Ernährung bei Übergewicht. Prävention. Akut. Reha. Pflege.